数字经济与高质量发展丛书

北京市习近平新时代中国特色社会主义思想研究中心项目

北京市社会科学基金项目：
发展数字经济、打造具有国际竞争力的数字产业集群研究（项目编号：21LLLJC031）

发展数字经济、打造具有国际竞争力的数字产业集群研究

王 琨 ◎ 著

首都经济贸易大学出版社
Capital University of Economics and Business Press

· 北 京 ·

图书在版编目（CIP）数据

发展数字经济、打造具有国际竞争力的数字产业集群研究 / 王琨著. -- 北京 : 首都经济贸易大学出版社, 2024. 8. -- ISBN 978-7-5638-3715-1

Ⅰ. F49

中国国家版本馆 CIP 数据核字第 2024R5A654 号

发展数字经济、打造具有国际竞争力的数字产业集群研究

FAZHAN SHUZI JINGJI，DAZAO JUYOU GUOJI JINGZHENGLI DE SHUZI CHANYE JIQUN YANJIU

王　琨　著

责任编辑	韩　泽　彭　芳
封面设计	砚祥志远·激光照排　TEL: 010-65976003
出版发行	首都经济贸易大学出版社
地　　址	北京市朝阳区红庙（邮编 100026）
电　　话	(010) 65976483　65065761　65071505（传真）
网　　址	http://www.sjmcb.com
E - mail	publish@cueb.edu.cn
经　　销	全国新华书店
照　　排	北京砚祥志远激光照排技术有限公司
印　　刷	北京九州迅驰传媒文化有限公司
成品尺寸	170 毫米×240 毫米　1/16
字　　数	204 千字
印　　张	14.25
版　　次	2024 年 8 月第 1 版　2024 年 8 月第 1 次印刷
书　　号	ISBN 978-7-5638-3715-1
定　　价	59.00 元

前　　言

在以人工智能、大数据、云计算、物联网为代表的新一轮科技革命的驱动下，数字经济异军突起，成为引领经济高质量发展的火车头和世界主要国家重塑竞争新优势的制高点。数字经济作为继农业经济、工业经济之后新的经济形态，必将像当年工业革命的结果一样，谁占领了数字经济发展的制高点，谁就将引领世界经济的发展方向；谁轻视数字经济，谁就会被时代所抛弃。

为了抢占全球数字经济发展的制高点，提高我国数字经济在国际规则制定中的话语权，我国高度重视数字经济的发展。早在十九届中央政治局第二次集体学习时，习近平总书记就指出："要构建以数据为关键生产要素的数字经济。建设现代化经济体系离不开大数据发展和应用。"到十九届中央政治局第三十四次集体学习时，习近平总书记再一次强调，"数据作为新型生产要素，对传统生产方式变革具有重大影响。数字经济具有高创新性、强渗透性、广覆盖性，不仅是新的经济增长点，而且是改造提升传统产业的支点，可以成为构建现代化经济体系的重要引擎"，并明确将发展数字经济作为"把握新一轮科技革命和产业变革新机遇的战略选择"。党的十九届五中全会提出了"发展数字经济，推进数字产业化和产业数字化，推动数字经济和实体经济深度融合，打造具有国际竞争力的数字产业集群"的数字经济发展目标；党的十九届六中全会将"发展数字经济"作为习近平新时代中国特色社会主义经济思想的重要组成部分。党的二十大将"加快发展数字经济，促进数字经济和实体经济深度融合，打造具有国

1

际竞争力的数字产业集群"作为推动经济高质量发展的重要抓手。为贯彻落实党中央发展数字经济的战略部署，国务院制定了《"十四五"数字经济发展规划》，提出2035年远景规划的目标是：力争形成统一公平、竞争有序、成熟完备的数字经济现代市场体系，数字经济发展基础和产业体系发展水平位居世界前列。

当今世界主要国家均出台战略规划来推进数字经济的发展，推动数字经济标杆城市和数字产业集群的建设。在重塑竞争新优势的巨大压力下，我国如何发挥海量数据资源、巨大应用需求、深厚市场潜力的优势来加快数字经济的发展，打造具有国际竞争力的数字产业集群，从而抢占数字经济发展的制高点，就成为实现强国目标的重大战略任务。这是因为，我国的海量数据蕴藏着巨大的价值，数据作为核心的生产要素，有利于提升社会资源配置效率，为数字经济和数字产业集群的发展带来强劲的动力和巨大的空间，而产业集群是数字经济发展的重要载体，是新兴产业和创新活动的主要集聚地。在经济全球化由资本全球化向数字全球化转变的过程中，运用数字技术改变经济发展方式、重组要素资源和掌握数据资源的能力，以及数据要素配置和数字技术应用能力就成为未来全球产业集群竞争的制高点。当数据要素成为数字经济全球化的主导要素的时候，能够聚集关键数据资源并向世界提供服务、在全球范围内掌握数据要素配置功能的核心数字产业集群，将成为影响和控制全球数字经济的中心以及全球数字经济发展的引领性力量。这就为经济学提出了一个重要而且必须解决的理论问题：数字经济和数字产业集群有什么样的发展趋势和规律？只有对这一理论问题进行科学的回答，才能为我国发展数字经济、打造具有国际竞争力的数字产业集群奠定坚实的理论基础，并在此基础上提出科学有效、切实可行的政策建议。正是出于这种考虑，习近平总书记才在主持十九届中央政治局第三十四次集体学习时强调，"把握数字经济发展趋势和规律，推动我国数字经济健康发展"。

当前，对数字经济和数字产业发展的理论研究，存在以下三方面的不足：一是没有建立研究数字经济和数字产业集群发展的逻辑一致的基本理论分析框架；二是没有对马克思主义社会经济形态理论进行系统阐释，并以此为指导形成对数字经济和数字产业集群发展的系统性学理分析；三是在社会经济形态的界定上存在一定的混乱，没有对经济形态和经济的社会形态进行清晰区分。在中国数字经济迅猛发展，大国之间数字竞争日趋激烈的现实背景下，以马克思社会经济形态理论和习近平新时代中国特色社会主义经济思想中的数字经济形态理论为指导，在对经济形态和经济的社会形态进行透彻分析的基础上，构建数字经济发展的系统且逻辑一致的理论分析框架，为我国发展数字经济、打造具有国际竞争力的数字产业集群奠定坚实的理论基础，并紧密结合当前数字经济和数字产业集群发展的现实特征，为我国发展数字经济、打造具有国际竞争力的数字产业集群提出科学有效、切实可行的政策建议，就显得尤为重要。

数字经济发展的理论研究重点在于揭示数字经济发展的一般趋势和规律，既涉及数字经济作为一种生产力范畴的经济形态的发展，又涉及数字经济作为一种生产关系范畴的经济的社会形态的发展。但现有的研究较为分散，还没有形成系统性的学理阐释。马克思主义经济学揭示了人类社会发展的基本规律，并提供了认识世界的科学方法论，是分析当前数字经济发展和数字产业集群形成的有效工具。基于此，本书遵循历史唯物主义的科学分析方法，试图联系数字经济和数字产业集群发展的现实特征，为发展数字经济、打造具有国际竞争力的数字产业集群这一高质量发展战略提供充足的理论支撑。

首先，以马克思社会经济形态理论和习近平新时代中国特色社会主义经济思想中的数字经济形态理论为指导，结合我国数字经济发展的具体实践，从数据资源要素化、数据要素资本化、数字资本产业化、数字产业集群化、数字经济发展的中国特色五个层面构建数字经济发展的系统且逻辑一致的理论分析框架。

其次，运用建立起来的理论分析框架，紧密联系数据的基本特征和经济的社会形态演进的一般规律，深刻分析数字经济形态和数字经济的社会形态的区别和联系，阐明数字经济的社会形态发展所历经的数据要素资本化、数字资本产业化、数字产业集群化三个由低级到高级的发展阶段，从而完成对数字经济在资本主义社会发展的一般趋势和规律的理论逻辑说明。

最后，在对数字经济发展一般趋势和规律进行理论阐释的基础上，立足中国特色社会主义经济制度，从社会主义的根本任务、社会主义初级阶段的基本经济制度、社会主义初级阶段的基本分配制度、社会主义市场经济体制四个层面详细考察了数字经济每一个发展阶段的中国特色，并据此提出发展数字经济、打造具有国际竞争力的数字产业集群科学有效、切实可行的政策建议，从而能够在实践层面和政策层面上进一步彰显对数字经济发展问题进行透彻学理分析的重要意义。

本书的理论意义在于，在对经济形态和经济的社会形态进行透彻分析的基础上，归纳出研究社会经济形态发展的一般方法论原则，紧密结合当前数字经济和数字产业集群发展的实践以及数据要素的基本特征，从数据资源要素化、数据要素资本化、数字资本产业化、数字产业集群化、数字经济发展的中国特色五个层面构建了数字经济发展的系统且逻辑一致的基本理论分析框架并加以详细阐述，拓展和深化了数字经济和数字产业集群发展的基础理论研究，有助于推进马克思主义政治经济学的中国化时代化。

本书的实践意义在于，从夯实数字经济发展的生产力基础、构建开放包容的数据要素所有权体系、建立公平与效率相统一的数据要素收益分配制度、完善适应数字产业集群发展的市场经济体制四个层面提出了发展数字经济、打造具有国际竞争力的数字产业集群科学有效、切实可行的政策建议，不仅在实践层面和政策层面上进一步彰显了对数字经济发展问题进行透彻学理分析的重要价值和意义，也为我国数字经济的快速发展，从而为构建现代化产业体系、推动经济高质量发展、培育国家竞争新优势提供了必要的理论支撑。

目 录
CONTENTS

1 导　论

1.1　选题背景和研究意义

1.1.1　选题背景

在新一轮科技革命的驱动下，数字经济异军突起，成为引领经济高质量发展的火车头和世界主要国家重塑竞争新优势的制高点。数字经济作为继农业经济、工业经济之后新的经济形态，必将像当年工业革命的结果一样，谁占领了数字经济发展的制高点，谁就将引领世界经济的发展方向；谁轻视数字经济，谁就会被时代所抛弃。

为了抢占全球数字经济发展的制高点，提高我国数字经济在国际规则制定中的话语权，我国高度重视数字经济的发展。早在十九届中央政治局第二次集体学习时，习近平总书记就指出："要构建以数据为关键生产要素的数字经济。建设现代化经济体系离不开大数据发展和应用。"到十九届中央政治局第三十四次集体学习时，习近平总书记再一次强调，"数据作为新型生产要素，对传统生产方式变革具有重大影响。数字经济具有高创新性、强渗透性、广覆盖性，不仅是新的经济增长点，而且是改造提升传统产业的支点，可以成为构建现代化经济体系的重要引擎"，并明确将发展数字经济作为"把握新一轮科技革命和产业变革新机遇的战略选择"。党的十九届五中全会提出了"发展数字经济，推进数字产业化和产业数字化，推动数字经济和实体经济深度融合，打造具有国际竞争力的数字产业集群"的数字经济发展目标；党的十九届六中全会将"发展数字经济"作为习近平新时代中国特色社会主义经济思想的重要组成部分。党的二十大将"加快发展数字经济，促进数字经济和实体经济深度融合，打造具有国际竞争力的数字产业集群"作为推动经济高质量发展的重要抓手。为贯彻落实党中央发展数字经济的战略部署，国务院制定了《"十四五"数字经济发展规划》，提出2035年远景规划的目标是：力争形成统一公平、竞争有序、成熟完备的数字经济现代市场体系，数字经济发展基础和产业体系发展水平位居世界前列。

从我国加快发展数字经济的进程来看，无疑我国数字经济进入了快速发展期，2022年，我国数字经济规模达到了50.2万亿元，约占美、中、德、日、韩五国总量的22.4%，仅次于美国，成为名副其实的世界数字经济第二大国；我国数据产量高达8.1ZB，在全球占比为10.5%，同样仅次于美国，居世界第二位[1]；我国数字经济在GDP（国内生产总值）中所占的比重已经达到41.7%，对经济增长的贡献率将近70%，已成为高质量发展的重要推动力。我国的两大数字经济龙头城市北京和上海都跻身全球主要城市数字经济竞争力排行榜前20强。

但是，我国数字经济发展水平与世界主要发达国家相比仍然存在一定的差距。据《中国数字经济发展白皮书（2023年）》测算，2022年美国的数字经济增加值规模为17.2万亿美元，我国为7.5万亿美元；在数字经济增加值规模占GDP比重上，2022年全球51个主要经济体的平均数为46.1%，发达国家平均数为55.7%，我国为41.7%，其中美国、英国、德国都达到了65%以上。在全球主要城市数字经济竞争力排名前30强中，我国只有北京、上海两座城市入围，低于美国（5座城市，全部为前10强）[2]。

① 参见 https://baijiahao.baidu.com/s?id=1780629663720832808&wfr=spider&for=pc。
② 王振、惠志斌. 全球数字经济竞争力发展报告（2022）[M]. 北京：社会科学文献出版社，2023：29-30.

因此，在世界主要国家纷纷出台战略规划推进数字经济发展，推动数字经济标杆城市和数字产业集群建设，重塑竞争新优势的巨大压力下，我国如何发挥海量数据资源、巨大应用需求、深厚市场潜力的优势来加快数字经济的发展，打造具有国际竞争力的数字产业集群，从而抢占数字经济发展的制高点，就成为实现强国目标的重大战略任务。这是因为，我国的海量数据蕴藏着巨大的价值，数据作为核心的生产要素，有利于提升社会资源配置效率，为数字经济和数字产业集群的发展带来强劲的动力和巨大的空间，而产业集群是数字经济发展的重要载体，是新兴产业和创新活动的主要聚集地。在经济全球化由资本全球化向数字全球化转变的过程中，运用数字技术改变经济发展方式、重组要素资源和掌握数据资源的能力，以及数据要素配置和数字技术应用能力就成为未来全球产业集群竞争的制高点。当数据要素成为数字经济全球化的主导要素的时候，能够聚集关键数据资源并向世界提供服务、在全球范围内掌握数据要素配置功能的核心数字产业集群，将成为影响和控制全球数字经济的中心以及全球数字经济发展的引领性力量。这就为经济学提出了一个重要而且必须解决的理论问题：数字经济和数字产业集群有什么样的发展趋势和规律？只有对这一理论问题进行科学的回答，才能为我国发展数字经济、打造具有国际竞争力的数字产业集群奠定坚实的理论基础，并在此基础上提出科学有效、切实可行的政策建议。正是出于这种考虑，习近平总书记才在主持十九届中央政治局第三十四次集体学习时强调，要"把握数字经济发展趋势和规律，推动我国数字经济健康发展"。

1.1.2　研究意义

（1）理论意义

对数字经济和数字产业集群发展的理论研究，主要涉及数据要素化、数字产业化、产业数字化三个方面，由于对这些问题的探讨通常包含强烈的政策含义，不同经济学流派的学者采用了不同的理论分析思路，至今尚未达成共识，且存在明显的不足，主要表现在：一是没有建立一个研究数字经济和数字产业集群发展的逻辑一致的基本理论分析框架；二是没有对马克思主义社会经济形态理论进行系统阐释，并以此为指导形成对数字经济和数字产业集群发展的系统性学理分析；三是在社会经济形态的界定上存在一定的混乱，没有对经济形态和经济的社会形态进行清晰区分。本书以马克思社会经济形态理论和习近平新时代中国特色社会主义经济思想中数字经济形态理论为指导，在对经济形态和经济的社会形态进行透彻分析的基础上，归纳出研究社会经济形态发展的一般方法论原则，紧密结合当前数字经济和数字产业集群发展的实践以及数据要素的基本特征，从数据资源要素化、数据要素资本化、数字资本产业化、数字产业集群化、数字经济发展的中国特色五个层面尝试构建数字经济发展的系统且逻辑一致的基本理论分析框架，从一个新的视角对数字经济和数字产业集群发展问题进行理论阐释，试图为数字经济发展的系统性理论研究做出一点有益的探索。

（2）实践意义

经过十多年的发展，我国发展数字经济、打造具有国际竞争力的数字产业集群所需的基础软硬件技术及产业的发展都有了显著提升。目前，中国发展数字经济有着社会主义制度、超大规模市场、完整的工业体系、丰富的人力资源等独特的优势和有利的条件，起步快、势头好、潜力大。但是，与数字经济领域的头号强国——美国相比，我国在数字创新、数字治理、数字集聚等方面仍相对落后，核心技术不强、数据质量不高、发展不均衡、产权不完善、收益不确定、产业不协调、集群竞争优势不显著等问题都比较突出，数据要素市场的发育也略显迟缓，这就制约了我国数字经济和数字产业集群的进一步发展。在这种情况下，从学理上构建数字经济发展的系统性理论分析框架，为中国高质量发展数字经济、打造具有国际竞争力的数字产业集群提供充分的理论支撑，为数据这种新型生产要素的产权界定、收益分配和市场化配置提供切实可行的解决方案，既有助于加快形成以国内大循环为主体、国内国际双循环相互促进的新发展格局，又能够为构建现代产业体系、推动经济高质量发展引领方向，同时也是贯彻创新、协调、绿色、开放、共享新发展理念的集中体现，对于加快新旧动能转换、培育国家竞争新优势、满足人民日益增长的美好生活需要都具有极为重要的现实意义。

1.2 研究思路和方法

1.2.1 研究思路

数字经济发展的理论研究重点在于揭示数字经济发展的一般趋势和规律，既涉及数字经济作为一种生产力范畴的经济形态的发展，又涉及数字经济作为一种生产关系范畴的经济的社会形态的发展，但现有的研究较为分散，还没有形成系统性的学理阐释。马克思主义经济学揭示了人类社会发展的基本规律，并提供了认识世界的科学方法论，是分析当前数字经济发展和数字产业集群形成的有效工具。基于此，本书遵循历史唯物主义的科学分析方法，试图联系数字经济和数字产业集群发展的现实特征为发展数字经济、打造具有国际竞争力的数字产业集群这一高质量发展战略提供充足的理论支撑。首先，以马克思社会经济形态理论和习近平新时代中国特色社会主义经济思想中的数字经济形态理论为指导，结合我国数字经济发展的具体实践，从数据资源要素化、数据要素资本化、数字资本产业化、数字产业集群化、数字经济发展的中国特色五个层面构建数字经济发展的系统且逻辑一致的理论分析框架。其次，运用建立起来的理论分析框架，紧密联系数据的基本特征和经济的社会形态演进的一般规律，深刻分析数字经济形态和数字经济的社会形态的区别和联系，阐明数字经济的社会形态发展所历经的数据要素资本化、数字资本产业化、数字产业集群化三个由低级到高级的发展阶段，从而完成对数字经济在资本主义社会发展的一般趋势和规律的理论逻辑说明。最后，在对数字经济发展一般趋势和规律进行理论阐释的基础上，立足中国特色社会主义经济制度，从社会主义的根本任务、社会主义初级阶段的基本经济制度、社会主义初级阶段的基本分配制度、社会主义市场经济体制四个层面详细考察数字经济每一个发展阶段的中国特色，并据此提出发展数字经济、打造具有国际竞争力的数字产业集群的切实可行的政策建议，从而能够在实践层面和政策层面上进一步彰显对数字经济发展问题进行透彻学理分析的重要意义。

1.2.2　研究方法

（1）文献分析法

在上述研究思路的指导下，本书分别从不同经济学流派的视角，按照数据要素化、数字产业化、产业数字化以及推动我国数字经济发展的政策建议等方面对国内外涉及数字经济和数字产业集群发展的理论文献进行了系统的归纳和梳理，总结它们对数字经济发展所做出的理论贡献，以其作为我们进一步研究的基础，找出它们对数字经济发展理论研究的不足，确立我们进一步研究的出发点和切入点。此外，我们还采用质性文本分析的方法，通过对中文版、英文版和法文版马克思恩格斯著作全集的深度挖掘，为构建数字经济发展的基础理论分析框架提供思想来源和充足的文本支撑。

（2）从抽象到具体的分析方法

从演绎逻辑的角度看，数字经济的发展是一个逐渐演进的过程。本书以马克思社会经济形态理论和习近平新时代中国特色社会主义经济思想中的数字经济形态理论为指导，从数据资源要素化、数据要素资本化、数字资本产业化、数字产业集群化、数字经济发展的中国特色五个层面构建了数字经济和数字产业集群发展的系统且逻辑一致的理论分析框架，这个分析框架本身就体现了数字经济从作为一种抽象生产力范畴的经济形态发展到具体层面包含更多规定的经济的社会形态的完整过程。随后，本书结合数据要素的特征和发达国家以及我国数字经济的发展实践对数字经济发展的每一个层面都进行了详细考察，进一步使理论分析框架具体化，成为一个能够贴近现实的包含更多规定的总体。

（3）比较分析法

对于数字经济的社会形态发展的研究不可避免地会涉及生产关系的因素。本书通过理论分析得出的数据资源要素化、数据要素资本化、数字资本产业化、数字产业集群化这四个发展阶段是数字经济发展的一般规律在资本主义生产关系下的具体展开，也是资本主义生产关系在数字经济形态下的进一步发展。然而，在不同的社会制度下，这种发展的一般规律理应具有不同的特征和表现形式。因此，我们立足中国特色社会主义经济制度，从社会主义的根本任务、社会主义初级阶段的基本经济制度、社会主义初级阶段的基本分配制度、社会主义市场经济体制四个层面详细考察了数字经济每一个发展阶段的中国特色，并在与资本主义数字经济发展过程进行对比的基础上揭示出数字经济在资本主义社会发展的内在矛盾和局限性，进而提出我国发展数字经济、打造具有国际竞争力的数字产业集群的切实可行的政策建议，这充分彰显了发展数字经济的"中国方案"的优越性。

1.3　概念界定和研究内容

1.3.1　概念界定

基于研究的基本思路，本书需要对数字经济、数据和数字产业集群这三个概念进行清晰的界定。

（1）数字经济

数字经济的概念最早由加拿大经济学家泰普斯科特（Tapscott）于1995年提出，强调互联网对社会经济生活产生的广泛影响所塑造的全新经济形态[①]。几乎同时，美国计算机科学家尼葛洛庞帝（Negroponte）在1996年出版的《数字化生存》一书中首次从人类发展的角度界定了数字经济与传统经济的差异，即由原来原子加工过程逐步转变为信息加工处理的过程[②]。然而，遗憾的是，作为处于数字经济探索阶段的先驱，他们都未能对数字经济的概念做出准确的界定和精确的描述。

随着新一代数字技术的广泛应用，数字经济的发展实践提出了从理论上清晰界定"数字经济"这一概念的要求。澳大利亚政府提出了数字经济是通过互联网、移动电话等数字技术实现经济社会的全球网络化。欧洲议会将数字经济描述为通过无数个且不断增长的节点连接起来的多层级或层次的复杂结构。美国商务部经济分析局认为数字经济包括信息与通信技术行业、计算机网络存在和运行所需的数字使能基础设施、通过计算机系统产生的数字交易以及数字经济用户创造和访问的数字内容[③]。

一些学者进一步指出了数字经济的基本特征。徐晨认为，数字经济的内涵可界定为以知识为基础，在数字技术催化作用下，通过制造领域和流通领域以数字化形式表现的新经济形态[④]。数字经济在形式上表现为商业经济行为的不断数字化、网络化和电子化；在内容上体现为传统产业的不断数字化以及新兴数字化产业的蓬勃发展；实质是以创新为特征的知识社会中，当以1和0为基础的数字化技术发展到一定阶段，信息数字化扩展到整个经济社会的必然趋势。朱建良等认为，数字经济就是在数字技术的

---

① TAPSCOTT D. The digital economy [M]. New York：McGraw Hill Education, 1995：15-18.
② NEGROPONTE N. Being Digital [M]. London：Hodder&Stoughton, 1996：11-19.
③ 宋爽. 数字经济概论 [M]. 天津：天津大学出版社, 2021：1-2.
④ 徐晨, 吴大华, 唐兴伦. 数字经济：新经济、新治理、新发展 [M]. 北京：经济日报出版社, 2017：9-16.

基础上形成的经济，是数据信息在网络中流行而产生的一种经济活动，其基本特征主要有三点：一是数字技术在大范围内被推广使用，使经济环境与经济活动发生根本性改变；二是经济活动在现代信息网络中发生的频率增多；三是信息技术使经济结构得以优化，并有效地推动了经济增长①。

虽然上述定义各有侧重且范围不同，但都认为数字经济是一种基于数字技术的经济形态。在总结国内外研究成果的基础上，由中国提出并经《G20 数字经济发展与合作倡议》认可的关于数字经济的表述最具代表性，也得到了学界、政界和商界的广泛认同。本书遵循这一较权威的定义，将数字经济界定为"以使用数字化的知识和信息作为关键生产要素、以现代信息网络作为重要载体、以信息通信技术的有效使用作为效率提升和经济结构优化的重要推动力的一系列经济活动"。

（2）数据

在《新牛津英汉双解大词典》中，数据被定义为"被用于形成决策或者发现新知的事实或信息"。根据国际标准化组织（International Standardization Organization，ISO）的定义，数据是对事实、概念或指令的一种特殊表达方式，用数据形式表现的信息能够更好地被用于交流、解释或处理。从经济活动的角度，加拿大统计局将数据定义为"已经转化成数字形式的对于现实世界的观察"。采取数字形式的数据能够被储存、传输以及加工处理，数据的持有者也能够从中提取新的知识与信息②。琼斯（Jones）和托内蒂（Tonetti）认为，信息是由二进制字符串表示的经济物品，信息本身又可分为创意和数据两部分，数据可以被视为信息中不属于创意的部分，二者的区别在于创意本质上是一种生产函数，而数据本质上是一种生产投入要素。但是，这种划分方法只适用于静态状况，完全不适用于动态环境。在动态经济活动中，原本作为生产函数的创意可以很容易地以数字形式进行

---

① 朱建良，王廷才，李成，等．数字经济：中国经济创新增长"新蓝图"［M］．北京：人民邮电出版社，2017：3-8.

② 徐翔，厉克奥博，田晓轩．数据生产要素研究进展［J］．经济学动态，2021（4）：142-158.

编码，从而转化为可以再投入生产过程的数据。因此，法博迪（Farboodi）和威尔得坎普（Veldkamp）指出，应当将数据理解为"可以被编码为一系列 0 和 1 组成的二进制序列的信息"。按照这一定义的数据既包括数字化的音乐、影像资料和专利等，也包括统计数据和交易记录。前者被看作是以数据形式存在的产品和服务，后者则更多地被看作是为了生产知识而进行的投入。

可以发现，尽管上述定义的侧重点各有不同，但都将数据与信息密切地联系了起来。我们认为，澄清数据与信息的区别是划分信息经济和数字经济，进而界定数据的前提。广义的数据泛指可用于计算、决策和记录的一切事实或信息，狭义的数据则特指能够被计算机处理分析，以"0""1"比特形式存在的信息，是新一代数字技术的产物①。为了能够反映出数字时代的本质特征，本书认同法博迪和威尔得坎普对于数据概念的界定，并做了进一步补充，将数据定义为"可以被编码为一系列二进制字符串，并能够同时被人和机器识别的信息"。此外，在本书中我们主要关注私人数据，即由用户个人和企业产生的数据，仅在必要的时候提及公共数据。

（3）数字产业集群

学界对数字产业集群的研究相对较少，对数字产业集群的概念界定也尚未达成共识。一些学者将数字产业集群定义为数字产业集聚而形成的集群。例如，吕璐认为，数字产业集群是由数字产业链上的企业以及相关机构在空间上形成聚集，并发挥聚集效应带来的低成本优势从而保持持续竞争力的现象。数字产业集群的建成，需要以电子制造业、软件与信息技术服务业、互联网行业、大数据行业等为核心，形成集数字设施建设、数字技术研发、数字资源整合、数字内容生产、数字平台建设、数字应用服务

---

① 蔡跃洲，马文君．数据要素对高质量发展影响与数据流动制约［J］．数量经济技术经济研究，2021（3）：64-83．

等于一体的数字经济产业链体系集群①。杜庆昊也持有类似的观点，认为数字产业集群是从事数字产品制造、提供数字产品服务、开展数字技术应用、通过数字要素驱动的企业主体及相关机构形成的企业集群。与传统产业集群相比，数字产业集群更强调技术、算法、知识产权等无形要素的集中，对传统意义上的土地、设备等有形要素的依赖性下降，因而在一定程度上打破了传统产业集群必须形成物理空间集聚的特征②。王如玉等强调，不同于以地理空间集聚为特征的传统产业集群，数字产业集群表现出了以数据和信息实时交换为核心的"网络虚拟集聚"这种空间组织新形态，虚拟集聚具有数据资源化、信息在线化、需求碎片化、交易泛在化、生产柔性化、平台巨型化和全链一体化等特征，使网络虚拟空间可以随着信息技术的发展而充分扩展其边界，不受地理条件和人文环境的限制③。

也有学者认为，数字产业集群不单是数字产业集聚的结果，而应该是数字产业和传统产业融合的结果。周海川等进一步丰富了数字产业集群的内涵，他们认为，数字产业集群是以新发展理念为引领，从事数字产品制造、技术应用、服务开发、数据要素驱动的企业以及基础设施供应商、管理机构、服务机构、金融机构、中介机构等组织在特定地理空间或互联网平台上集聚，围绕创新链、产业链、资金链、人才链相互融合、协同发展，形成彼此联结、共生、竞争、合作关系的群体④。

数字产业集群作为我国推动数字经济发展的重要抓手，毫无疑问应当是数字产业化和产业数字化在特定空间上的有机结合，因此，其既要包含由数字产业本身的集聚而形成的数字集群，也要包含传统产业或传统产业集群经过数字化改造升级而形成的集群。因此，我们认同周海川等学者的

---

① 吕璐. 世界主要数字产业集群案例分析及启示 [J]. 中国统计，2022（9）：19-21.
② 杜庆昊. 数字产业集群的内涵特征和构建路径 [J]. 数字经济，2023（Z2）：2-8.
③ 王如玉，梁琦，李广乾. 虚拟集聚：新一代信息技术与实体经济深度融合的空间组织新形态 [J]. 管理世界，2018（2）：13-21.
④ 周海川，刘帅，孟山月. 打造具有国际竞争力的数字产业集群 [J]. 宏观经济管理，2023（7）：27-32.

观点，将数字产业集群定义为数字产业和传统产业相互融合而在特定空间（地理空间和虚拟空间）上形成的新型产业集群。

1.3.2　研究内容

本书的研究内容主要分为11章，具体介绍如下。

第1章：导论。本章首先介绍了选题背景及理论和实践意义，接下来概括了本书写作过程中的研究思路及研究方法，之后对核心概念进行了界定并明确了具体研究内容，最后总结了创新点以及不足之处。本章起到对全书的引领和总括作用。

第2章：文献综述。围绕数字经济和数字产业集群发展这一主题，本章对国内外相关文献进行了系统的梳理和回顾。相关文献主要涉及数据要素化、数字产业化、产业数字化以及推动我国数字经济发展的政策建议等方面，由于对这些问题的研究通常包含强烈的政策含义，不同经济学流派的学者采用了不同的理论分析框架。为了清晰、准确地把握各学派进行研究的内在逻辑和理论分野，对涉及数字经济和数字产业集群发展的各个具体问题我们尽可能从经济学流派的视角进行梳理。在本章的最后，我们给出了对于相关文献的总结性评论并指出了本书研究的切入点。本章内容对于形成本书的研究思路和构建数字经济发展的理论分析框架提供了重要依据。

第3章：马克思社会经济形态理论。通过对相关文献的系统梳理，我们发现，学界在数字经济发展这一重要理论问题上存在认识分歧的根本原因在于对社会经济形态的理解存在偏差。数字经济形态是新时代中国特色社会主义政治经济学的重要理论成果，因而对社会经济形态的透彻理解必须以马克思主义社会经济形态理论为指导。本章系统阐释了马克思社会经济形态理论的经济学原理和方法，将其作为分析数字经济发展必须遵循的基本原则。习近平新时代中国特色社会主义思想是中国化的马克思主义和

21世纪的马克思主义，因而习近平总书记关于数字经济的系列重要讲话所阐述的数字经济形态理论，就是对马克思主义社会经济形态理论的继承和发展，因此本章还系统总结了习近平新时代中国特色社会主义经济思想中的数字经济形态理论，作为本书研究的指导思想与理论基础。

第4章：数字经济发展的一般理论分析框架。本章遵循历史唯物主义的科学研究方法，在紧密结合数据要素的基本特征及经济的社会形态演进的一般规律的基础上，从数据资源要素化、数据要素资本化、数字资本产业化、数字产业集群化、数字经济发展的中国特色五个层面构建了数字经济发展的一般理论分析框架，为从学理上系统阐释数字经济和数字产业集群的发展趋势和规律提供了基本分析思路。对于研究数字经济发展这一重要的理论问题，本章建立了系统且逻辑一致的理论分析框架，这就构成了本书研究的基本立足点。

第5章：数据资源要素化。本章对数字经济发展的第一阶段，即数据资源成为生产要素的阶段进行了具体阐述。根据马克思经济形态理论中的生产要素理论，某种资源要成为生产要素必须具有可能性、现实性和独立性三个基本条件。本章首先以作为资源的数据的使用价值入手，从数据能够协调社会生产活动、数据能够促进技术进步、数据能够增强对劳动过程的控制能力三个方面说明了数据资源要素化的可能性。其次从存在对数据的直接需求和存在对数据的派生需求两个方面依次阐述了数据资源要素化的现实性。最后从可以脱离其他生产要素自行运转和可以替代其他生产要素两方面论证了数据资源要素化的独立性。本章内容充分证明了在一定生产力发展水平的基础上，作为资源的数据能够满足成为生产要素的基本条件，数据作为新型生产要素加入生产要素系统，标志着数字经济作为一种经济形态的产生。

第6章：数据要素资本化。本章对数字经济发展的第二阶段，即数据要素资本化的阶段进行了具体阐述。首先，以资本主义生产关系产生的前提条件为切入点，从作为生产要素的数据的基本特征入手，从数据要素的交换性和数据要素的分离性两方面阐述了数据要素资本化的前提条件。其次，遵循马克思从一般到特殊的方法论原则，从生产资本运动中的数据要素资本化和产业资本运动中的数据要素资本化两个层面依次考察了数据要素资本化的过程。最后，从数据资本的形成和数据拜物教的产生两方面说明了数据要素资本化的结果。本章内容阐明了作为一种经济形态的数字经济在资本主义社会的发展首先就意味着资本关系要进入以数据为核心生产要素的劳动过程。

第7章：数据资本产业化。本章对数字经济发展的第三阶段，即数据资本产业化的阶段进行了具体阐述。首先，从存在对数据的供给和需求，存在大量、频繁、重复的交易，存在平均利润率三个方面阐明了数据资本产业化的前提。其次，从平台资本（数据经营资本）的形成和平台资本收益的确定两方面考察了数据资本产业化的过程。最后，从数字产业成为提高社会生产效率的重要动力和平台资本成为资本主义发展的主导力量两个层面说明了数据资本产业化的结果。本章内容阐明了在数据要素资本化的基础上，作为一种经济形态的数字经济在资本主义社会的进一步发展意味着平台资本要成为一种独立的资本形态；与此相应，平台资本运动的物质载体就是数字产业。

第8章：数字产业集群化。本章对数字经济发展的第四阶段，即数字产业集群化的阶段进行了具体阐述。首先，从基础设施的完善和平台资本的集中两方面阐明了数字产业集群化的前提。其次，从数字产业的集群化过程和传统产业的集群化、数字化过程两个层面详细考察了数字产业集群化的过程。最后，从数字产业集群成为驱动经济增长的新引擎和平台资本成为资本主义的统治力量两方面说明了数字产业集群化的结果。本章内容阐明了在数据资本产业化的基础上，作为一种经济形态的数字经济在资本主义社会发展的高级阶段意味着平台资本的不断集中和跨界融合；与此相应，平台资本跨界融合的物质载体就是数字产业集群。

第9章：数字经济发展的中国特色。本章对数字经济发展的第五阶段，即数字经济发展中国化阶段进行了具体阐述。在从理论上阐明了资本主义社会数字经济发展规律以后，立足中国特色社会主义经济制度，从社会主义的根本任务、社会主义初级阶段的基本经济制度、社会主义初级阶段的基本分配制度、社会主义市场经济体制四个层面详细考察了数字经济每一发展阶段的中国特色，并与资本主义数字经济发展过程进行了对比，揭示出数字经济在资本主义社会发展的内在矛盾和局限性，在此基础上，根据社会主义的本质和数字经济时代社会生产力发展的趋势规定了发展中国特色数字经济需要遵循的几项基本原则。本章内容阐明了数字经济发展的中国特色和原则，这些原则是对资本主义社会数字经济发展规律的积极扬弃。

第 10 章：发展数字经济、打造具有国际竞争力的数字产业集群的政策建议。在从理论上系统阐明了数字经济发展的趋势和规律以后，遵循中国特色数字经济发展的基本原则，本章从夯实数字经济发展的生产力基础、构建开放包容的数据要素所有权体系、建立公平与效率相统一的数据要素收益分配制度、完善适应数字产业集群发展的市场经济体制四个层面提出了发展数字经济、打造具有国际竞争力的数字产业集群的科学有效、切实可行的政策建议。本章内容阐述了发展数字经济、打造具有国际竞争力的数字产业集群的具体政策建议，在实践层面和政策层面上进一步彰显了对数字经济发展问题进行透彻学理分析的重要价值和意义。

第 11 章：结论与展望。本章主要总结了全书的研究结果，并指出了下一步继续研究的方向，并为未来更深入地探讨这一问题提供了研究建议。

1.4 创新和不足

1.4.1 创新之处

第一，构建了数字经济发展的基本理论分析框架。国内外对于数字经济和数字产业集群发展的研究大多比较分散，各流派学者分别从不同的研究视角出发，往往得出不同甚至相互矛盾的结论，自然也就无法建立起一个逻辑一致的分析框架。本书遵循历史唯物主义的科学分析方法，以马克思的社会经济形态理论和习近平新时代中国特色社会主义经济思想中的数字经济形态理论为指导，从数据资源要素化、数据要素资本化、数字资本产业化、数字产业集群化、数字经济发展的中国特色五个层面构建了数字经济发展的系统且逻辑一致的基本理论分析框架，建立了数字经济和数字产业集群发展之间的有机联系。

第二，阐明了经济形态与经济的社会形态之间的区别与联系。本书对经济形态和经济的社会形态进行了明确的区分。经济形态属于生产力的范畴，标志着生产力的发展水平，反映的是人类社会与自然之间的技术关系，并不关注资源如何配置的问题。然而，经济的社会形态属于生产关系的范畴，表明社会制度的根本性质，需要在特定经济形态的基础上反映出人与人之间的经济关系。这一概念强调的是经济活动中的所有制和激励机制，特别重视资源有效配置的问题。任何经济的社会形态都是在一定的经济形态上发展起来的；反过来，一定的经济形态在历史的某些阶段又可以兼容不同经济的社会形态。因此，对数字经济发展问题的分析无法脱离特定的经济的社会形态单独进行。对数字经济发展的理论阐释既要说明数字经济为什么能够成为一种经济形态，又要揭示作为经济形态的数字经济在特定经济的社会形态中的发展趋势和规律。

第三，对数字经济发展这一重要理论问题提出了新的解释。本书在构建数字经济发展的一般理论分析框架的基础上，既从可能性、现实性和独立性三个方面详细阐述了数据资源能够成为生产要素的原因，解决了数字经济为什么能够成为一种经济形态的问题，又从数据要素资本化、数据资本产业化、数字产业集群化、数字经济发展的中国特色四个层面由抽象到具体地阐述了作为经济形态的数字经济在资本主义社会形态和社会主义社会形态中的发展规律，对数字经济发展这一重要的理论问题给予充分的说明，为我国发展数字经济、打造具有国际竞争力的数字产业集群奠定了坚实的理论基础。

第四，为我国发展数字经济提出了切实可行的政策建议。在从理论上系统阐明了数字经济发展的趋势和规律以后，遵循中国特色数字经济发展的基本原则，本书从夯实数字经济发展的生产力基础、构建开放包容的数据要素所有权体系、建立公平与效率相统一的数据要素收益分配制度、完善适应数字产业集群发展的市场经济体制四个层面提出了发展数字经济、打造具有国际竞争力的数字产业集群的科学有效、切实可行的政策建议，不仅提出了发展数字经济、打造具有国际竞争力的数字产业集群的"中国方案"，也在实践层面和政策层面上进一步彰显了对数字经济发展问题进行透彻学理分析的重要价值和意义。

1.4.2　不足之处

本书的研究重点在于通过历史唯物主义的科学分析方法构建系统且逻辑一致的数字经济发展基础理论框架体系，以揭示数字经济的起源、发展和演变规律，并在全球数字竞争日益激烈的背景下为推动我国数字经济向纵深迈进，为我国发展数字经济、打造具有国际竞争力的数字产业集群提供科学的理论指导和政策制定依据。由于当前数字经济发展实践尚处于起步阶段，个人、企业和政府的数字化转型还在进行当中，与数字经济发展相关的各项制度、法律、法规和政策也在不断完善过程中，本书的理论分析主要还是从逻辑层面上对数字经济发展趋势和规律进行的由"抽象一般"到"具体一般"的探讨①，较少涉及数字经济发展的特殊的具体问题，如数据要素的定价方法、数字平台的运营模式、数字产业集群的空间

---

①　本书对数字经济发展趋势和规律的揭示仅限于与生产方式基本结构相关的一般趋势和规律，没有涉及特殊和个别的规律，尽管我们对一般规律的考察实际上既包含抽象一般规律，也包含具体一般规律。

布局等问题①。随着数字经济的持续快速发展，积累的经验材料也将越来越丰富，未来的研究需要深入到企业、政府和个体层面，以便能够拓展基础理论的适用范围，同时也可以依托更多具体的内容进一步完善数字经济发展的基础理论体系，这也成为我们今后研究努力的方向。

---

① 以数据要素的定价方法为例，现有文献中涉及的数据要素定价方法就有成本加成法、传统会计学方法、信息熵法、价格歧视法以及多维定价法等多种不同的方式。数据要素的价格形成是一个综合、复杂、动态的过程，每一种定价方法都有其优点及适用范围，也有其不足，目前尚无一致的结论。如何结合数字经济发展的实践探索出一套短时间内最有利于数据要素的市场价格确定并使其能够趋于市场价值的定价方式是未来研究应当重点考虑的方向。

2 文献综述

　　围绕数字经济和数字产业集群发展这一主题，本章对国内外相关文献进行了系统的梳理和回顾。相关文献主要涉及数据要素化、数字产业化、产业数字化以及推动我国数字经济发展的政策建议等方面，由于对这些问题的研究通常包含强烈的政策含义，不同经济学流派的学者采用了不同的理论分析框架。为了清晰、准确地把握各学派进行研究的内在逻辑和理论分野，对涉及数字经济和数字产业集群发展的各个具体问题我们尽可能从经济学流派的视角进行梳理。

2.1 数据要素化

　　学界对数据要素化的研究主要关注数据要素的特征、数据成为生产要素的原因、数据要素的价值决定、数据要素的产权界定、数据要素的市场形成五个方面，核心在于解决数据如何成为生产要素的问题。

2.1.1 数据要素的特征

　　数据要素的特征很大程度上是由数据这种资源的自然特性所决定的，具有一定的客观性。主要包括非竞争性、规模报酬递增、持久性、再利用性、外溢性。

（1）非竞争性

数据要素的非竞争性指同样的数据可以同时被多个用户（企业或个人）所使用，且一个用户的使用并不会降低其他用户使用该数据所获得的效用[1]。威尔得坎普（Veldkamp）和钟（Chung）认为这意味着数据额外使用的边际成本为0，具有很大的潜在经济价值[2]。然而，在新增长理论（内生增长理论）中，知识和创意也具有非竞争性，那么数据与知识又有何不同？针对这一问题，琼斯（Jones）和托内蒂（Tonetti）对数据和创意进行了区分，将数据定义为以比特形式存在的生产要素，而创意则是某种特定的生产函数[3]。

（2）规模报酬递增

由数据要素的非竞争性直接引出了规模报酬递增效应。因为数据要素一旦产生，对其使用引致的边际成本几乎为0。经济体的规模越大，数据越能够被更多的人所使用，同时又不需要支出额外成本，于是经济体的生产效率也就越高。有学者进一步指出，数据需要与劳动者相结合，被劳动者使用才能发挥规模报酬递增的效应，在劳动投入不变的情况下，单纯增加数据要素的数量并不会产生明显的规模经济[4]。

（3）持久性[5]

随着新一代信息和通信技术的发展，储存数据的成本越来越低，彻底删除数据却越来越困难[6]。数据一旦被创造出来，就可以在相当长一段时

---

[1] ACQUISTI A, TAYLOR C, WAGMAN L. The economics of privacy [J]. Journal of Economic Literature, 2016 (2): 442-492.

[2] VELOKAMPL, CHVANGC. Oata and the aggregate economy [J]. Journal of Economic literature, 即将刊出 (Forthcoming, 可参见 https://www.aeaweb.org/articles? id=10.1257/jel.20221580)。

[3] JONES C I, TONETTI C. Nonrivalry and the economics of data [J]. American Economic Review, 2020 (9): 2819-2958.

[4] VELOKAMPL, CHVANGC. Oata and the aggregate economy [J]. Journal of Economic literature, 即将刊出 (Forthcoming, 可参见 https://www.aeaweb.org/articles? id=10.1257/jel.20221580)。

[5] 这里所说的持久性主要强调物理意义上能够长期保存而不至于损坏的性质，并非数据所蕴含的经济信息被持续利用的性质。事实上，数据所蕴含的经济信息会随着时间流逝而不断折旧，逐渐被新的信息所取代，从而丧失其价值。

[6] ADEE S. Can data ever be deleted [J]. New Scientist, 2015 (8): 17.

间内被重复使用而不会产生明显的损耗。从这个意义上说，数据有类似于实物资本的特征，能够在多个生产周期中反复参与生产过程，不断提高预测的准确性①。

（4）再利用性

一旦数据被创造出来并能够多次参与生产过程，对其无限再利用就成为可能。事实上，数据存在的时间越长，这一特定时间段内的不确定性也越大，因而积极探索数据的其他可利用途径是优化配置数据要素的必然要求。数据要素的这一特征也是确保数字技术成为"一般通用技术"的关键。正因为数据要素具有再利用性，对其进行深入分析、挖掘、处理的数字技术才能够根据不同企业、不同产业的目标有计划地抽取使用价值各异的信息，满足社会上不同主体的服务需求②。

（5）外溢性

数据要素的外溢性包括收集过程中的外溢性和使用过程中的外溢性两类。对数据收集过程而言，在采集图像、音频、视频、文字等数字资料时，通常也会记录下其他相关对象的信息（如无意的照片同框），尽管这些对象并没有主动选择创造数据，但行为主体通过创造个人数据间接记录了更多的数据。对数据使用过程而言，阿塞莫格鲁等（Acemoglu et al.）指出，个人数据具有一定的相似性，在很多情况下，即使没有研究对象的直接信息，通过分析与之类似的他人所提供的数据也能够形成对目标对象的侧写③。

2.1.2 数据成为生产要素的原因

数据为什么能够成为生产要素这一问题，与经济学的核心分析范式有

---

① FARBOODI M, VELDKAMP L. A growth model of the data economy [J]. NBER Working Paper Series, 2020 (10): 1-58.

② AGRAWAL A, GANS J, GOLDFARB A. The Economics of Artificial Intelligence [M]. Chicago: The University of Chicago Press, 2019: 423-439.

③ ACEMOGLU D, MAKHDOUMI A, MALEKIAN A, et al. Too much data: prices and inefficiencies in data markets [J]. Microeconomics, 2022 (4): 218-256.

着密切的联系。依据不同的分析范式，学者们分别从技术进步说、交易成本说、生产力发展说三个层面对数据成为生产要素的原因进行了解释。

（1）技术进步说

新古典主流经济学、演化经济学以及当代西方左翼学者都认为，数据成为生产要素是新一代数字技术进步的直接结果。在模拟数据时代，受限于落后的数据采集、分析和处理技术以及由此带来的高额使用和存储成本，只有很少一部分企业能够真正将数据投入生产过程[①]。这时的数据使用主要集中于政府部门、科学研究机构以及少数大型企业，远未波及国民经济的主要部门[②]。在大数据时代，随着高精度、可移动数据采集设备的逐渐普及和与数据存储、分析、计算相关的技术水平持续提高，数据的使用成本大幅度降低，越来越多的企业乃至个体用户都能够以数据为基础开展经济活动，升级生产工具。数据开始渗透到社会生产、生活过程的方方面面，成为具有普遍适用性的生产要素[③]。

（2）交易成本说

不同于技术进步导致数据成为生产要素的观点，新兴古典经济学派认为，市场交易效率的改进才是数据能够成为生产要素的最为关键的决定因素[④]。交易效率的改进推动了社会分工网络的纵深发展，这又引起了专业化程度的不断提高以及新一代数字技术的持续发展，进而促进了数据在各个生产部门的普遍使用。换句话说，在新兴古典经济学看来，数字技术的进步和数据成为生产要素都是交易成本持续降低的结果，不存在先于市场交易效率改进而发生的纯粹数字技术进步[⑤]。然而，对于作为逻辑起点的

① RAMTIN R. Capitalism and automation [M]. London：Pluto Press，1991：74-85.

② NOBLE D F. Forces of production：a social history of industrial automation [M]. Oxford：Oxford University Press，1984：79-144.

③ SCHÖNBERGER V M，CUKIER K. Big data：a revolution that will transform how we live，work and think [M]. Boston：Houghton Mifflin Harcourt，2013：10-35.

④ 郑小碧，庞春，刘俊哲. 数字经济时代的外包转型与经济高质量发展：分工演进的超边际分析 [J]. 中国工业经济，2020（7）：117-135.

⑤ 庞春. 探索经济繁荣与时间压力并存之谜：基于影子工作、技术进步的分工经济学分析 [J]. 中国工业经济，2021（8）：45-62.

市场交易效率是如何改进的这一问题，新兴古典学派并没有给出合理的解释。

（3）生产力发展说

技术进步说和交易成本说尽管都在一定程度上对数据成为生产要素提供了理论解释，却没有阐明数据成为生产要素的真正原因。事实上，无论技术进步说还是交易成本说，都将数据成为生产要素的最终决定因素视为外生变量，理论本身没有能够给予充分的说明。这样就产生了一系列更加难以解决的问题：数据成为生产要素是否具有偶然性？在生产中有何作用？数据要素又是否会被其他生产要素所取代？

针对这些问题，马克思主义经济学从生产力发展的角度提供了对数据成为生产要素的另一种解释。戚聿东和刘欢欢认为，数据成为生产要素是社会生产力发展的结果，数据演化为关键生产要素的依据需要在遵循唯物辩证法的基础上从内部矛盾和外部条件两方面进行综合分析。从生产力要素的内部矛盾来看，数据演化为关键生产要素是有限生产力和人类日益增长的需求矛盾所导致的结果。在这对矛盾的作用下，从农业经济时代到数字时代，关键生产要素的演化呈现出竞用性逐渐降低、通用性不断增强的趋势。从技术进步和需求升级的外部条件来说，一方面，以"数据+算力+算法"为核心的数字技术不断升级，为数据成为新的生产要素奠定了物质基础；另一方面，人类需求模式向个性化、定制化的动态转变也倒逼着能够准确映射消费者价值观的数据成为关键生产要素[①]。宋冬林等进一步从理论、历史和现实三个层面分析了数据成为生产要素的必要性。在理论层面上，无形性、非物质性、非竞争性、外部性、即时性等区别于传统生产要素的特殊性，使得数据成为现代生产要素；在历史层面上，数字化的数据在现代科学技术条件下产生，并使现代社会整体步入了数字经济时代，数据实际上继承信息而成为现代生产要素；在现实层面上，数据成为现代

---

① 戚聿东，刘欢欢. 数字经济下数据的生产要素属性及其市场化配置机制研究 [J]. 经济纵横，2020（11）：63-76.

生产要素起步于对当代数据重要作用的深刻认识，发展于市场经济体制的有力推动，成熟于发展方式的科学转变①。

2.1.3 数据要素的价值决定

成为生产要素的数据是否具有价值，为什么具有价值是其价格决定的基础。对数据要素价值的相关研究主要分为两种完全不同的研究思路：一种以边际效用价值论为基础，另一种以劳动价值论为基础。

（1）基于边际效用价值论的数据要素价值决定

新古典主流经济学派和新兴古典经济学派在价值问题上持有相同的观点②，都以边际效用价值论为基础，将价格等同于价值。对数据要素的价值决定而言，勒纳等（Lerner et al.）认为数据要素的边际生产成本接近于0③，科贝尔（Kerber）强调数据要素的价值与本身的体量、质量、时效性和整合程度之间存在不确定性，都是为了突出数据要素价值（价格）的多变性和复杂性，进而否定其客观价值的存在④。在这种情况下，消费者对数据的主观偏好和满意程度就成为决定数据要素价值（价格）的最关键因素。艾希等（Athey et al.）⑤、布莱恩杰尔夫森等（Brynjolfsson et al.）⑥ 都借助市场调研工具对互联网用户进行大规模在线测试，由此估计出消费者对不同类型数字化商品和服务的出价意愿。根据他们测算，搜索引擎是最

---

① 宋冬林，孙尚斌，范欣. 数据成为现代生产要素的政治经济学分析［J］. 经济学家，2021（7）：35-44.

② 在分析方法上，新兴古典经济学不过是包含角点解的新古典经济学的应用，因此在价值论这类基本问题上与新古典经济学没有任何根本性分歧。

③ LERNER J，PATHAK P A，TIROLE J. The dynamics of open-source contributors［J］. AEA Papers and Proceedings，2006（2）：114-118.

④ KERBER W. A new（intellectual）property right for non-personal data? An economic analysis［J］. MAGKS Joint Discussion Paper Series in Economics，2016（37）：1-24.

⑤ ATHEY S，CATALINI C，TUCKER C. The digital privacy paradox：small money，small costs，small talk［J］. NBER Working Paper Series，2017（6）：1-34.

⑥ BRYNJOLFSSON E，COLLIS A. How should we measure the digital economy［J］. Harvard Business Review，2019（6）：140-148.

有价值的数字商品，消费者每年愿意为其支付的价格约为 17 530 美元，其次是电子邮件（8 414 美元/年）和数字地图（3 648 美元/年）。

一旦数据要素或数据商品的市场价格得以确定，就可以按照新古典主流经济学的资产定价方法，将数据要素进一步当作一种资产计算其经济价值（实际上是资本化收益）。现有的计算方法主要有传统会计学方法、信息熵法以及多维定价法三种。传统会计学方法又可以具体分为市场法、成本法和收入法①。市场法是指数据资产的价值由市场上可比产品的市场价格来决定，即任何个人或组织自己搜集、整理的数据价值应当取决于从市场上购买相应数据所支付的市场价格。成本法是指数据资产的价值取决于生产时的经济成本是多少，可以直接度量企业获取、收集、整理、分析与应用数据的成本。收入法是指数据资产的价值取决于对未来能够从数据中获取的现金流数额的估计，这种方法实际上将数据资产类比为金融资产，用贴现的办法度量其价值。传统会计学方法体现了对用户购买意愿的重视，但没有反映出数据本身的内容和质量。于是，一些学者提出应当使用信息熵确定数据资产的价值②。通过对数据元组的隐私含量、被引用次数、供给价格、权重等因素的综合考量，可以对数据资产的价值给出更加合理的动态评价。此外，还有一些学者指出数据资产价值的确定还应当考虑买方的异质性等多种不同的维度③、数据的协同性以及竞争和社会价值④。但在具体实践层面，对于什么标准能够被作为单独的衡量维度，学界并没有达成共识。

---

① REINSDORF M, RIBARSKY J. Measuring the digital economy in macroeconomics statistics: the role of data [J]. International Monetary Fund Working Paper, 2019 (9): 28-48.

② SHEN Y C, GUO B, SHEN Y. Pricing personal data based on information entropy [J]. Proceedings of the 2nd International Conference on Software Engineering and Information Management, 2019 (1): 143-146. （信息熵表示信息中排除冗余之后所包含的平均信息量，是与消费者所关注的某事件发生的概率相关的相对数量）。

③ WANG R Y, STRONG D M. Beyond accuracy: what data quality means to data consumers [J]. Journal of Management Information Systems, 1996 (4): 5-34.

④ ZEITHAML V A. Consumer perceptions of price, quality, and value: a means-end model and synthesis of evidence [J]. Journal of Marketing, 1988 (3): 2-22.

（2）基于劳动价值论的数据要素价值决定

不同于以边际效用价值论来阐释数据要素价值的研究思路，当代西方左翼学者和马克思主义学者试图以劳动价值论为基础对数据要素的价值给出更加合理的解释。

张昕蔚和蒋长流认为，从数据要素的来源看，数据要素的生产同样需要付出无差别的人类劳动，数据的采集、挖掘、储存、传输、处理等环节均需要大量的脑力和体力劳动的支撑，数字经济条件下的大数据产业，已经成为新型的劳动密集型产业，包括算法研发、数据标注、数据清洗、数据脱敏、数据安全等必要环节[1]。在后续的生产过程中，数据要素的价值也随着商品生产过程转移到新的产品中去[2]。因此，作为一种物化劳动，数据要素与其他投入要素一样拥有价值。李晓华和王怡帆指出，在生产活动的每一个环节，数据都有可能与其他生产要素发生作用，创造出新的经济价值，企业的生产活动包括多个环环相扣的阶段，由此才能形成全流程的数据价值链闭环[3]。他们将数据价值链划分为研发、制造、营销、服务四个主要环节，并分别探讨了各环节中数据创造价值的具体机制，从动态循环的视角深化了对数据价值形成和增值问题的认识。郭王玥蕊进一步指出，数据要素投入生产过程能够普遍提高企业的劳动生产率，加快商品流通速度，从而扩大社会循环再生产，这就为数据要素的不断增值提供了更为有利的条件[4]。

不过，国内一些马克思主义学者提出了不同的看法。他们认为数据要素的加工过程并不属于生产劳动过程，而是从属于流通过程的非生产劳动过程，因此采集、处理、加工数据的劳动并非生产劳动。数据要素本身没有价值，现实中凭借对数据要素的占有所获得的收入事实上是由社会总剩

---

① 张昕蔚，蒋长流．数据的要素化过程及其与传统产业数字化的融合机制研究［J］．上海经济研究，2021（3）：60-69.

② 王胜利，樊悦．论数据生产要素对经济增长的贡献［J］．上海经济研究，2020（7）：32-39.

③ 李晓华，王怡帆．数据价值链与价值创造机制研究［J］．经济纵横，2020（11）：54-62.

④ 郭王玥蕊．企业数字资产的形成与构建逻辑研究：基于马克思主义政治经济学的视角［J］．经济学家，2021（8）：5-12.

余价值转化而来的，表现为特殊的商业利润或地租①②。

上述研究主要分析了生产过程中产生的数据要素的价值的问题，但在当今时代，产消一体化、用户生成内容的数据创造方式已经越来越普遍，这些数据是否具有价值，其价值又是怎样决定的就成为学界关注的另一个焦点问题。

当代西方左翼学者继承了传播政治经济学中"受众商品"的基本思想，将脸书、推特等大众媒体中的传播受众视为劳动者的"注意力商品"，认为现代的互联网媒体在鼓励用户为彰显个性而进行自我创作的同时隐蔽地占有了用户的注意力，并迫使用户自愿为互联网公司进行无酬劳动③④。由用户生成内容活动所创造的数据凝结了无差别的人类劳动，自然也就具有了价值。

然而，这种解释却存在一个明显的缺陷，即用户的"注意力"究竟能否成为商品，当代西方左翼学者并没有能够给出有说服力的解释。事实上，"注意力"本身并没有使用价值，有实际使用价值的始终是用户本身的劳动力，换句话说，"注意力"是依托于劳动力而存在的。既然如此，"注意力商品"似乎就是为了与劳动力商品相区别而刻意创造的一个概念，在现实中并没有更强的解释力。然而，没有经由雇佣关系所中介的劳动力是否能够创造出剩余价值更是一个充满争议的问题，对此传播政治经济学派也没有给出合理的回答。因此，如何在马克思主义经济学基本方法论的指导下，用劳动价值论对生产过程中创造的数据价值和产消一体化活动创造的数据价值给出统一的解释就成为未来研究的重点方向。

①　谢富胜，江楠，吴越．数字平台收入的来源与获取机制：基于马克思主义流通理论的分析[J]．经济学家，2022（1）：16-25.

②　周绍东，戴一帆．数字劳动、平台租金与双边垄断：马克思地租理论视阈下的平台资本主义批判[J]．西部论坛，2022（5）：1-11.

③　MOSCO V. Current trends in the political economy of communication [J]. Global Media Journal，2008（1）：45-63.

④　MANZEROLLE V. Mobilizing the audience commodity 2.0：digital labour and always-on media [J]．Ephemera，2010（3）：455-469.

2.1.4　数据要素的产权界定

明晰的产权界定是成为生产要素的数据是否能够进行交易的关键。数据产生于原发者的个人行为，很大程度上能够揭示出个人的敏感和非敏感信息[①]。因此，数据要素的产权界定与个人隐私保护有着不可分割的联系。学界对于数据要素产权的讨论主要集中于一元产权结构和二元产权结构两种形式。

（1）一元产权结构

平台组织在利用数据要素创造巨大经济收益的同时往往侵犯了消费者的隐私，而消费者却并没有因此得到补偿，这是界定数据产权归属的关键所在[②]。希特里（Kshetri）认为，企业在通过大数据分析进行预测的过程中很大程度上利用了从移动设备中获取点击流数据和 GPS 定位数据，这些敏感数据的获取和使用一方面提高了企业的经营绩效，另一方面也侵害了消费者的隐私和安全[③]。阿奎斯蒂等（Acquisti et al.）进一步证实，商家可以通过获取消费者对产品的偏好和保留价格等非敏感信息来选择提供的服务或对消费者进行价格歧视以最大化自己的利润[④]。米基安斯等（Mikians et al.）发现企业通过利用个人偏好信息对不同的消费者采取不同的定价策略，同种商品的价格差异可达 10%~30%，充分证实了"大数据

杀熟"现象的存在①。

传统研究都认为，在垄断的市场结构下，缺乏个人信息保护会使企业利用大数据对消费者实行一级价格歧视，从而产生最小化消费者剩余的效果。李三希等在垂直差异化双寡头竞争模型的基础上证明，一旦引入竞争，消费者总剩余和社会总福利在无个人信息保护和完全一级价格歧视时达到最大，而禁止价格歧视反而会带来产品的无效分配，解决企业利用大数据压榨消费者问题的关键在于引入竞争机制，并促进消费者个人信息在竞争厂商之间的公平共享②。

在将数据产权赋予消费者还是厂商才能够带来最优分配的问题上，上述研究得出了相反的结论：一方认为应当将产权赋予厂商，另一方认为应当将产权赋予消费者。针对这一争论，琼斯（Jones）和托内蒂（Tonetti）指出，在产品可以重复交易的情况下，科斯定理可能是无效的，数据产权的不同分配方式可能产生完全不同的福利后果③。具体而言，当企业拥有数据产权时，就没有足够的激励使其尊重消费者的隐私，这时政府就可能出于对用户隐私权的关注而限制企业对消费者数据的使用，但是，这在产生隐私收益的同时也使得非竞争性的数据生产要素不能以最优规模投入使用，继而导致了无效率的产出。如果政府不对企业加以限制，非竞争性的数据要素就可能在企业之间广泛使用，产生巨大的经济效益。然而，倘若出售数据会加快"创造性破坏"的速度，企业就有足够的动机囤积数据并阻止其他企业使用，这样也会造成无效率的均衡结果。基于此，琼斯和托内蒂认为将数据产权赋予消费者才能够带来最优的福利分配结果。

将数据产权赋予消费者是否真能实现对数据的充分保护和合理配置？

---

① MIKIANS J, ERRAMILLI V, LAOUTARIS N. Detecting price and search discrimination on the internet [J]. Hot Topics in Networks, 2012（10）：1-7.

② 李三希，武玙璠，鲍仁杰. 大数据、个人信息保护和价格歧视：基于垂直差异化双寡头模型的分析 [J]. 经济研究，2021（4）：43-57.

③ JONES C I, TONETTI C. Nonrivalry and the economics of data [J]. American Economic Review, 2020（9）：2819-2958.

一部分研究表示否定。阿塞莫格鲁等（Acemoglu et al.）发现，由于个人信息存在相似性，在竞争的影响下，消费者可能以非常低的回报将自己的数据交给企业[①]。艾希等（Athey et al.）将这种一方面表现出关注个人数据隐私的态度，另一方面又轻易披露私人数据的行为称为"数字隐私悖论"[②]。刘等（Liu et al.）进一步证实了大多数用户对于个人数据隐私的担忧仅存在于心理层面，实际上并没有改变其将个人数据共享给第三方平台的行为[③]。

如果将数据产权赋予消费者或企业都不能实现最优的福利分配结果，是否可以通过改变交易机制，引入数据中介来改善数据要素的配置？伯格曼（Bergemann）和伯纳蒂（Bonatti）发现，引入数据中介不仅没有改善消费者的福利，反而方便了企业利用数据划分市场，进而对消费者实行三级价格歧视，获取超额利润[④]。一桥（Ichihashi）进一步指出，如果存在数据中介，即便引入竞争机制也无法补偿消费者福利的损失。在数据要素同质的情况下，竞争性的数据中介预期到补偿消费者将会降低所收集数据的下游价格，损害其自身利益，因此都不会对消费者提供补偿。在数据要素异质的情况下，数据中介的利润取决于数据集中的程度，竞争机制会自动向垄断机制转化[⑤]。

一元产权结构下对数据隐私及交易机制的研究探讨了不同数据产权归属和交易方式对社会福利的影响，从理论层面刻画了"大数据杀熟"这一现实问题，为在促进数据资源有效配置的同时如何保护消费者个人信息提

① ACEMOGLU D, MAKHDOUMI A, MALEKIAN A, OZDAGLAR A. Too much data: prices and inefficiencies in data markets [J]. American Economic Journal: Microeconomics, 2022 (4): 218-256.

② ATHEY S, CATALINI C, TUCKER C. The digital privacy paradox: small money, small costs, small talk [J]. NBER Working Paper Series, 2017 (6): 1-34.

③ LIU Z, SOCKIN M, XIONG W. Data privacy and temptation [J]. NBER Working Paper Series, 2020 (8): 1-48.

④ BERGEMANN D, BONATTI A. Markets for information: an introduction [J]. Annual Review of Economics, 2019 (11): 85-107.

⑤ ICHIHASHI S. Competing data intermediaries [J]. The Rand Journal of Economics, 2021 (3): 515-537.

供了一定的政策启示，但还有以下两点不足：

第一，对数据产权归属的讨论过于抽象，没有具体考察不同类型的数据是否应当划归不同的主体。实际上，绝大多数研究都将社会经济生活中政府层面的数据、个人层面的数据和企业层面的数据抽象为一个整体，忽略了不同类型的数据划归不同的主体可能带来的福利改进，单纯针对抽象数据产权归属的讨论不仅容易陷入纯理论争论中无法自拔，还会影响现实的政策制定。

第二，在不同的经济发展阶段，数据产权归属和交易机制可能是不同的。当前的研究试图将数据产权划分和数据交易机制作为一种促进数字经济发展的永恒制度，一旦确立便是长期造福社会的最优选择。如果数字经济是一个不断发展完善的过程，在当前初级阶段和未来高级阶段，数据要素的产权归属和交易机制就可能采取不同的形式。因此，理论研究需要未雨绸缪，在把握社会生产力发展规律的基础上适时设计促进数字经济发展的机制，而不是企图一劳永逸地解决问题。

（2）二元产权结构

戚聿东和刘欢欢认为，个人用户产生的数据是平台企业创造利润的核心来源，也是数字经济中财富与价值的起源①。但在目前个人数据权属不明的问题上导致了个人数据限用不足或限用过足的极端情况，形成了消费者与平台企业之间二元对立的矛盾。为了解决这一矛盾，应当建立数据二元产权结构，根据不同主体在数据价值链之间相互联系、相互制约的关系，给予权利相应的扩展和限制。

具体而言，数据价值链可分为数据生产者和数据控制者，两者对应的数据并不是同一个范畴，数据生产者产生的是人格性、记录性的个人数据，数据控制者产生的是智力性的增值数据。数据生产者是数据价值链的起点，因此无论从法律框架还是经济实现方面，都应该赋予个人自身数据

---

① 戚聿东，刘欢欢．数字经济下数据的生产要素属性及其市场化配置机制研究［J］．经济纵横，2020（11）：63-76.

完整的权利，这样不仅可以使用户凭个人意愿选择是否将数据授权给企业，还可以参与更广范围的数据红利分配。增值数据是基于海量原始数据加工形成的，是数据控制者的智力凝结。数据控制者不仅投入了大量的资本和技术，还在"数据—信息—知识"的转化过程中倾注了大量脑力劳动。因此，数据控制者理应获得增值数据的产权。此外，增值数据使用价值密度极高，是数字经济中的关键生产要素，为了激励增值数据的形成，应当对数据控制者的合理产权加以保护。在获取增值数据的产权以后，数据控制者可以在要素市场上通过许可、转让、出资、融资等方式实现经济利益。

对于上述个人享有名义数据所有权，企业享有实际数据所有权的解决方案，清华大学法学院教授申卫星指出，我国的现行法律体系其实并不能容纳这种所谓的双重所有权结构①。事实上，双重所有权不仅没有清晰的权利归属，反而会制造权利纷争，进而影响数据效用的发挥。因此，为了平衡数据归属和数据利用需求之间的张力问题，更为妥当的解决方式是借助自物权–他物权和著作权–邻接权的权利分割思想，容纳作为现代新兴权利客体的数据，通过意思自治或者法定调整的方式分割数据所有权的权能，并将这些权能充分保留给数据原发者，部分分配给数据处理者，从而创建数据所有权+数据用益权的二元权利结构，以实现数据财产权益分配的均衡②。

数据所有权+数据用益权的二元权利结构为解决数据要素产权划分的二元矛盾提供了新的思路，然而遗憾的是，申卫星主要从法理学的角度分析了数据要素的二元产权结构，几乎没有涉及这种产权结构形式之下的经济内容。因此，对于决定二元产权结构内在经济关系的探索就成为未来经济学界应当重点突破的方向。

---

① 申卫星. 论数据用益权 [J]. 中国社会科学，2020（11）：110–131.
② 数据用益权包括控制、开发、许可、转让等四项积极权能和相应的消极防御权能。

2.1.5　数据要素的市场形成

市场形成是数据要素能否顺利实现优化配置的核心问题，学界对数据要素市场形成的研究主要涉及数据要素的价格决定和数据要素的市场运行机制两方面内容。

（1）数据要素的价格决定

新古典主流经济学者以单边和多边的市场结构为基础开展了对数据要素多种定价方式和定价机制的研究。

就单边市场而言，数据交易卖方策略的核心在于区分买方异质性，以便充分掌握买方的出价意愿，从而能够实行价格歧视[①]。根据买方的风险承受程度不同以及进行"筛选"客户的难易程度不同，卖方可能会选择完全价格歧视或二级和三级价格歧视[②]。具体的交易方式又包括捆绑销售、订阅和租赁、拍卖以及两部定价[③]。然而，无论采取怎样的交易和定价机制，针对单边数据要素市场的研究都隐含假定了数据要素的出售者具有垄断势力，于是可以利用垄断势力以及掌握的用户信息实行价格歧视，以获取更高的收益。在这种情况下，数据要素的价格完全由购买者个人的支付意愿所决定。事实上，这些研究都是在默认数据要素产权赋予数据控制者的前提下进行的，因此也就无法考察不同产权结构下存在差异的数据要素所面临的定价问题。

就双边市场而言，现有文献多以数字经济的核心组织——平台为基础开展研究。在数字时代，平台通常被定义为将数字技术作为一种产品或服

①　PEITZ M. The Oxford Handbook of the Digital Economy ［M］. Oxford：Oxford Universitypress，2012：210-230.

②　ADMATI A R，PFLEIDERER P. A monopolistic market for information ［J］. Journal of Economic Theory，1986（2）：400-438.

③　熊巧琴，汤珂. 数据要素的界权、交易和定价研究进展 ［J］. 经济学动态，2021（2）：143-158.

务的使用者或消费者与供应者之间的接口①。以协调不同类型的经济活动为标准，科伊尔（Coyle）将平台划分为生产平台、中间商平台和交易平台三种类型（见表2-1）②。

表 2-1　以协调不同类型的经济活动为标准划分的平台类型

类型	生产	中间商	交易
企业对企业	内部平台，Slack（一种国外流行的企业办公平台）	支付卡	金融交易
企业对消费者	AWS（亚马逊云平台），软件操作系统，游戏机	广告赞助的媒体，手机网络，旅行预订	eBay，亚马逊
个人对个人	共享经济工作平台（图钉，跑腿兔）	社交媒体，优步	共享平台（爱彼迎）

梯若尔（Tirole）指出，尽管不同类型的平台分别发挥着提供互动技术界面、降低信息不对称、匹配和搜寻交易伙伴的功能，但这些平台组织的商业经营模式却可以用统一的分析框架——双边市场理论加以刻画③。市场上不同边的需求弹性和交叉外部性构成了双边市场理论的基石。在所有的产业中，需求弹性都是制定价格时需要考虑的关键变量，高需求弹性导致适中的价格，低需求弹性则使价格上涨。具体到双边市场，交叉外部性意味着一边的用户受益于另一边用户的出现。在这一过程中，如果一边受益比另一边大，那么平台将对前者收取更高的费用，而对另一边收取较低的费用，以吸引后者入驻平台。因此，平台组织的发展通常归功于在市场一边制定非常低的价格，以激发这一边用户的快速增长，进而间接地确保平台在另一边赚取收入。在实践中，依据不同的平台类型，这种低价可

---

① MOOR M，TAMBINI D. Digital dominance：the power of Google，Amazon，Facebook，and Apple ［M］. Oxford：Oxford University Press，2018：52-53.

② COYLE D. Cogs and monsters：what economics is，and what it should be ［M］. Princeton：Princeton University Press，2021：176-203.

③ TIROLE J. Economics for the common good ［M］. Princeton：Princeton University Press，2017：378-396.

以表现为免费的服务、有用的信息或优惠的产品价格等多种形式。

在双边市场中，既然平台的价格结构有利于市场的一边，而不利于市场的另一边，那么就会存在掠夺性定价（异常低价）或滥用定价（异常高价）的可能。因此，有必要对平台实施行之有效的监管措施。一些国家的监管机构要求平台规定"统一定价"，即平台上的卖家向平台顾客收取的费用，不得高于顾客通过其他渠道支付的费用。但埃德尔曼（Edelman）和怀特（Wright）发现，即使存在"统一定价"的规定，平台向卖家收取的手续费也有相当一部分转嫁给了那些不使用平台的顾客，由于这种强加给非平台顾客的负外部性，在极端的情况下，平台的存在甚至直接减少了消费者的福利[①]。鉴于此，实行完全的自由放任或草率的监管都是不可取的。梯若尔进一步指出，网络外部性和规模经济可能引发"自然垄断"，使得用户最终不可避免地聚集到一两家数字平台上。但这种数字市场的集中是否妨碍了竞争需要从动态的视角进行综合考量，关键在于市场必须是"可竞争的"，即确保更有效率或更富创新性的企业能够进入市场，充分释放数字经济的潜能需要发挥"创造性破坏"的作用[②]。阿加瓦尔等（Agarwal et al.）认为，充分竞争的双边市场还有利于提高数据要素的质量，因为在充分竞争的市场中，卖方没有足够大的市场力量来控制市场，因此只能提供真实的数据，而非增加噪声或复制数据滥竽充数[③]。

对双边市场的研究以平台组织为基础分析了数据要素的定价方式和机制，为竞争政策的制定提供了参考和借鉴。然而，即便从新古典微观经济理论的内部逻辑来看，上述研究依然存在以下两方面明显的缺陷：

第一，双边市场理论没有区分数字平台的特殊性，更没有解释数字平台的发展过程。实际上，双边市场理论将信用卡、游戏机、谷歌搜索引擎

① EDELMAN B，WRIGHT J. Price coherence and adverse intermediation [J]. Quarterly Journal of Economics，2015（3）：1283-1328.

② TIROLE J. Economics for the common good [M]. Princeton：Princeton University Press，2017：397-400.

③ AGRAWAL A，GANS J，GOLDFARB A. The Economics of Artificial Intelligence [M]. Chicago：The University of Chicago Press，2019：463-488.

其至街角的房地产中介普遍化为一般平台进行理论阐释，抹杀了谷歌、亚马逊这种数字平台的特殊性，因此也就不可能解释数字平台的起源及其发展演化过程。

第二，自然垄断产生的数字平台与"可竞争性"存在内在冲突。在传统微观经济理论中，由外部性和规模经济造成的自然垄断可以通过保持市场的"可竞争性"进行监管。但在数字经济时代，因持有数据而保持垄断地位的数字巨头一方面掌握了用户的个人偏好信息，另一方面依托各种移动终端设备建立统一的数字生态系统，进而对用户形成了"黏性"，如果数字时代的自然垄断引发了用户对平台的"黏性"，并因此限制了用户的自由选择，单单通过确保市场是"可竞争的"来进行监管可能是缘木求鱼。

（2）数据要素的市场运行机制

戚聿东和刘欢欢认为，使用边际方法量化生产要素的贡献一直是一个充满争议的问题[①]。在要素异质性普遍存在的客观条件下，实际上无法有效分离出单一生产要素在生产过程中的贡献。生产要素在生产过程中充分耦合共同作用，通过静态的量化手段对生产要素的贡献衡量会存在一定偏误。因此，需要构建竞争性要素市场，通过供求机制、竞争机制和价格机制实现数据要素的市场化配置，客观评价数据的贡献。

何玉长和王伟具体阐释了数据要素市场的运行机制。就价格机制而言，数据产品价值由生产该产品的社会必要劳动时间决定，价值是市场定价的基础[②]。然而，由于数据的虚拟性，人们并不能直接观察到数据产品价值进而决定价格，只能看到供求双方讨价还价，通过市场交易达成双方可接受的价格。数据产品的异质性、一品一价大大增加了数据市场定价的难度。在经济实践中必须防范数据垄断定价，通过竞争使数据价格趋于合理。就供求机制而言，数据要素要按照一定的比例配置到各个领域，才能

① 戚聿东，刘欢欢.数字经济下数据的生产要素属性及其市场化配置机制研究［J］.经济纵横，2020（11）：63-76.
② 何玉长，王伟.数据要素市场化的理论阐释［J］.当代经济研究，2021（4）：33-44.

保证生产经营的健康运行。数据要素供求状况会影响数据价格的波动和定价，同时也会引发新一轮的数据产品竞争。数据要素的供求是社会总供求的一部分，同时，数据要素的应用也提高了各类生产要素的配置效率，有利于实现宏观经济的供求平衡。就竞争机制而言，自由竞争的市场机制引导数据要素配置于各行各业，融入生产领域。数据产品生产者需要节约生产成本，提高产品质量，追求最大盈利，通过市场交易来实现其利益；数据产品使用者需要通过市场交易来满足生产和服务的要求，从而保证再生产的顺利进行。数据要素只有在数据生产和交易竞争中，才能达到最优化配置。

上述研究从马克思主义经济学的视角探讨了数据要素的市场定价机制，指明了数据要素的价值对数据价格的最终决定作用，但没有在一个有机统一的框架内分析供求机制、价格机制和竞争机制三者之间的逻辑关系，也没有以劳动价值论为基础阐明数据要素价格的未来变动趋势。

2.2 数字产业化

学界对数字产业化的研究主要关注数字产业的定义与特征、数字产业的市场结构与竞争行为、数字产业的经济影响以及数字产业集群的形成四个方面。

2.2.1 数字产业的定义与特征

对数字产业的定义与特征进行准确说明是深入研究数字产业化问题的前提，然而遗憾的是，学界对这一问题的认识至今尚未达成共识。

（1）数字产业的定义

国外学者对数字产业问题的研究多从"数字资本"[①] 这一概念入手，

[①] 对数字资本这一概念的详细梳理可参见齐兰和何则懿（2023）。

很少直接对数字产业进行界定。国内学者分别从软件产业、信息技术和数字内容产业以及云计算、大数据、互联网金融等新兴产业的角度对数字产业进行了定义①②③。国家工业信息安全发展研究中心对数字产业的界定则更加宽泛，不仅包括传统数字产业，如电子信息制造业、软件业、互联网和相关服务业，还包括以人工智能、边缘计算为代表的新兴数字产业，更包括以元宇宙为核心的数字前沿产业④。在综合考察国内外学者对数字产业定义的基础上，王俊豪和周晟佳指出，"数字产业"一般是一个仅在中国学界使用的名词，国外文献很少提及，但即便在国内的相关文献中，由于缺乏统一的定义，有时也会出现数字产业和信息通信产业相互替代的情况⑤。

（2）数字产业的特征

在将数字产业限定为信息通信产业的基础上，杨蕙馨和李春梅认为，信息通信产业作为技术创新的前沿领域，是典型的技术密集型产业⑥。一些学者进一步研究了信息技术产业与其他产业的交互关系，认为数字产业是强渗透产业，以通用性和开放性为特征的信息技术更容易与其他产业实现交互融合，能够通过对各产业部门的全面渗透促进社会全要素生产率的提升⑦⑧。王俊豪和周晟佳认为，与交通运输业成为工业革命的先导性产业以及电力电气产业成为第二次工业革命的先导性产业类似，数字产业是数

---

① 张嫚. 论数字产业对传统反垄断理论与实践的启示 [J]. 经济评论, 2002 (4): 103-106.

② 李俊江, 何枭吟. 美国数字经济探析 [J]. 经济与管理研究, 2005 (7): 13-18.

③ 刘淑春. 中国数字经济高质量发展的靶向路径与政策供给 [J]. 经济学家, 2019 (6): 52-61.

④ 国家工业信息安全与发展研究中心. 数字经济发展报告 (2022—2023) [M]. 北京: 社会科学文献出版社, 2023: 69-82.

⑤ 王俊豪, 周晟佳. 中国数字产业发展的现状、特征及其溢出效应 [J]. 数量经济技术经济研究, 2021 (3): 103-119.

⑥ 杨蕙馨, 李春梅. 中国信息产业技术进步对劳动力就业及工资差距的影响 [J]. 中国工业经济, 2013 (1): 51-63.

⑦ 蔡跃洲, 张钧南. 信息通信技术对中国经济增长的替代效应与渗透效应 [J]. 经济研究, 2015 (12): 100-114.

⑧ RAGNEDDA M. Conceptualizing digital capital [J]. Telematics and Informatics, 2018 (8): 2366-2375.

字经济时代驱动人民生活和生产变革的基础性、先导性、战略性产业，能够为数字经济的发展提供技术、产品、服务和解决方案等全方位的支撑。

不同于上述文献从产业经济学视角对数字产业特征进行的直接考察，塔姆等（Tambe et al.）从资本结构的角度出发，指出尽管作为无形资本的数据要素本身一定程度上不具有排他性，但储存、使用数据要素的物质资本都是有形的，自然具有排他性，由于无形资本必须借助有形资本才能发挥作用，因此数字产业仍然是带有明显排他性的产业①。

总体来看，现有文献虽然从不同的角度对数字产业的特征进行了描绘，但仍然局限于生产技术层面，没能从生产关系层面揭示出数字产业与传统产业的本质区别。

2.2.2 数字产业的市场结构与竞争行为

许多学者发现，以数据为核心生产要素的数字产业在市场结构和竞争行为方面呈现出了与传统产业明显不同的特点。

（1）数字产业的市场结构

数据要素的非竞争性、规模报酬递增的特征使得以数据为核心生产要素的数字企业具有了自然垄断的特性，从而导致数字产业的市场结构呈现出了垄断程度以及市场集中度过高的特点。法博迪（Farboodi）和维尔德坎普（Veldkamp）指出，从市场结构动态演变的角度看，数据要素的持续积累会形成"赢家通吃"的局面，规模更大、效率更高的企业，其竞争优势地位会不断得到巩固和加强，从而能够继续扩大市场份额、提高劳动生产率，并逐渐向"超级明星"企业演化，这将使数字产业内部的垄断和市场集中程度进一步提高②。伯纳等（Birner et al.）进一步指出，在已经高

---

① TAMBE P, HITT L, ROCK D, BRYNJOLFSSON E. Digital capital and superstar firms［J］. NBER Working Paper Series，2020（12）：1-60.

② FARBOODI M，VELDKAMP L. Data and markets［J］. Annual Review of Economics，2023（1）：23-40.

度集中的行业中，除了通过数据要素的持续积累强化竞争优势以外，占据垄断地位的企业还可以通过设置专利壁垒、为初创企业提供资金支持、收购初创企业等方式来阻止竞争性企业进入市场，进而实现维护并增强市场地位的目的[①]。努西奥（Nuccio）和圭尔佐尼（Guerzoni）认为，谷歌浏览器控制了全球搜索引擎市场中70%~80%的份额，谷歌和脸书占据了美国所有数字广告的73%，亚马逊占据了美国电子商务接近一半的份额，紧随其后的易趣市场份额仅占有6.8%，这都是数字产业垄断和市场集中度过高的有力证据[②]。塔姆等（Tambe et al.）使用微观投资面板数据检验了不同产业的市场集中程度，发现以数据为核心生产要素的数字产业市场集中度远高于以机器、厂房为核心生产要素的传统产业，从而为数字产业具有更高的垄断和市场集中程度提供了经验支撑[③]。

（2）数字产业的竞争行为

得益于对数据要素的掌控，与传统产业相比，数字产业中企业之间的竞争行为表现出了更加多样化、复杂化的特点。一方面，通过对数据要素的搜集、存储、整理和深入挖掘，数字产业中的企业能够比传统产业中的企业掌握更多有关消费者偏好、市场价格、竞争者行为的信息，因而能够综合使用差别定价、实时定价、捆绑销售、全线逼销等多种定价方式以实现利润最大化[④][⑤]。另一方面，随着数据要素的持续积累，企业能够使用的价格和非价格竞争手段也越来越多，这就使得准确预测企业会采取何种竞

① BIRNER R, DAUM T, PRAY C. Who drives the digital revolution in agriculture? A review of supply-side trends, players and challenges [J]. Applied Economic Perspectives and Policy, 2021 (4): 1260-1285.

② NUCCIO M, GUERZONI M. Big data: Hell or heaven? Digital platforms and market power in the data-driven economy [J]. Competition&Change, 2019 (3): 312-328.

③ TAMBE P, HITT L, ROCK D, BRYNJOLFSSON E. Digital capital and superstar firms [J]. NBER Working Paper Series, 2020 (12): 1-60.

④ EDELMAN B. Does Google leverage market power through tying and bundling [J]. Journal of Competition Law&Economics, 2015 (2): 365-400.

⑤ AGRAWAL A, GANS J, GOLDFARB A. The Economics of Artificial Intelligence [M]. Chicago: The University of Chicago Press, 2019: 399-423.

争行为变得日益困难。学者们发现，在数字产业中，更多信息的披露既可能加剧企业之间的价格和非价格竞争[①]，也可能帮助企业实现"算法合谋"，从而削弱企业之间的竞争[②③]。企业之间究竟采用竞争还是合谋的行为取决于不同的模型设定，因而根本上取决于信息集合的类型和既定的市场结构[④]。总之，与传统产业相比，数字产业中企业之间的竞争行为与信息披露机制紧密联系起来，构成了因时、因地、因人而异的竞争策略组合空间，由此导致了企业的竞争行为更加多变，更加难以预期。

2.2.3 数字产业的经济影响

不同于以数字产业本身为分析对象而从微观层面展开的对市场结构和竞争行为的考察，学界对数字产业经济影响的研究主要关注数字产业的宏观经济影响，具体包括数字产业对社会生产的影响机制以及数字产业对社会生产的影响效果两个问题。

（1）数字产业对社会生产的影响机制

数字产业的宏观经济影响涉及如何看待国民经济中不同产业之间的联动关系，不同流派的学者基于不同的研究框架分别从强化知识生产、促进分工演进、推动范式变迁、实现智力解放四个方面探讨了数字产业对社会生产的影响机制。

其一，强化知识生产。

在明确数据要素特征的基础上，新古典主流经济学者主要从知识生产

① 刘意，谢康，邓弘林. 数据驱动的产品研发转型：组织惯例适应性变革视角的案例研究 [J]. 管理世界，2020（3）：164-183.

② CHEN Z, CHOE C, MATSUSHIMA N. Competitive personalized pricing [J]. Management Science, 2020（9）：4003-4023.

③ CALVANO E, CALZOLARI G, DENICOLO V, PASTORELLO S. Artificial intelligence, algorithmic pricing, and collusion [J]. American Economic Review, 2020（10）：3267-3297.

④ EZRACHI A, STUCKE M E. Algorithmic collusion：Problems and counter-measures [J]. OECD Roundtable on Algorithms Collusion, 2017（6）：34.

过程和直接生产过程两条路径探讨了数字产业驱动社会生产发展的内在机制。就第一条路径而言，琼斯（Jones）和托内蒂（Tonetti）首先对数据和创意进行了明确的区分，指出尽管数据和创意都是数字产业的重要组成部分，并且都具有非排他性和非竞争性的特征，但创意本质上是一种生产函数，而数据只是一种生产要素①。随后，他们将创意和数据同时纳入Romer-Jones内生增长模型，还整合了个人隐私保护和创造性破坏问题，构建了一个分析数字经济发展的理论框架。在他们的模型中，数据发挥着类似于产品质量改进的作用，对经济增长的贡献是递减的，但新创意的不断产生抵消了数据（质量改进）边际收益递减对经济增长的不利影响。

不同于琼斯等人的建模方法，阿格拉瓦尔等（Agrawal et al.）将基于组合的知识生产函数（Combinatorial-Based Knowledge Production Function）引入Romer-Jones内生增长模型，构建了"重组增长模型"②。在他们的模型中，大数据技术的使用起到了预测各种现有知识组合的应用前景，进而提高新知识（新产品）发现速率的作用（"海中取针"效应）。尽管模型中存在促进新知识发现的内在机制，他们却进一步引入了"竭泽而渔"效应，即随着知识总量的不断增加，新知识的发现越来越困难。在这两种效应的相互作用下，单纯依靠数据的增加或大数据分析技术的进步不足以驱动经济长期的持续增长，通过增加研发人员提高新知识生产速率才是促进经济增长的根本途径。

上述研究从数据要素进入知识生产过程的角度探讨了数字产业驱动经济增长的内在机制，法博迪和威尔得坎普（Farboodi and Veldkamp）则将数据要素纳入直接生产过程③。她们指出，数据主要通过改进预测效果，降低生产过程中的误差来提高生产率。在数据量非常少的情况下，增加数

① JONES C I, TONETTI C. Nonrivalry and the economics of data [J]. American Economic Review, 2020 (9): 2819-2958.
② AGRAWAL A, GANS J, GOLDFARB A. The Economics of Artificial Intelligence [M]. Chicago: The University of Chicago Press, 2019: 149-175.
③ FARBOODI M, VELDKAMP L. A growth model of the data economy [J]. NBER Working Paper Series, 2020 (10): 1-58.

据具有递增的收益：通过更多的数据提高了企业的生产率，更高的生产率催生了更多的生产和交易活动，而这又创造了规模更大的数据，并进一步促进生产效率的提高和新数据的产生，形成了良性的数据反馈循环过程。然而，由于预测的准确性总是存在极限，再加上完全不可预测的随机性，数据的不断增加最终会带来递减的边际收益，这点类似于实物资本积累。

数字产业无法驱动经济实现长期持续增长的结论，实际上可以用"鲍莫尔成本病"进行解释。"鲍莫尔成本病"是指经济增长率实际上并非取决于发展最快的新生产要素，而是受制于较为稀缺的"短边"生产要素。在这些生产要素（如物质资本、能源、研发人员）供应量有限的情况下，即便存在数据这样理论上可以无限增长的生产要素，经济增长率也无法突破特定的瓶颈。诺德豪斯（Nordhaus）证实了"鲍莫尔成本病"的存在，并进一步指出世界经济远未达到持续自发增长的"经济奇点"，内生增长理论所揭示的创意生产仍然是经济增长最重要的源泉①。

新古典主流经济学对数字产业影响社会生产的研究从归纳数据要素的特征入手，进而将其整合进内生增长理论分析框架中，从动态一般均衡的视角探讨数据要素的长期增长效应，一定程度上克服了微观静态分析的局限性，为从理论上刻画数字产业驱动经济增长这一动态问题提供了参考和借鉴，但仍存在以下两方面的明显缺陷：

第一，进行模型构建的时候先验地设定了"短边"生产要素，使理论的解释力大打折扣。将数据要素纳入生产过程的模型尽管明确了数字产业驱动经济增长的内在机制，但都预先将新创意、研发人员或预测能力设定为"短边"生产要素，因而事先就排除了数字产业促进经济长期持续增长的可能性。实际上，一旦放松了"短边"生产要素的限制，数据要素完全可以成为经济增长的最终决定因素。

第二，在预先假定数字产业已经普遍存在的基础上研究其未来的发展

---

① NORDHAUS W. Are we approaching an economic singularity? Information technology and the future of economic growth [J]. NBER Working Papers, 2015 (9)：1-49.

前景，无法在统一的框架中刻画数字经济产生、发展、演变的整个过程。几乎所有研究数字经济的内生增长模型都将数据要素直接纳入了生产函数，先验假定了这种生产要素已经普遍进入了生产过程。但这种新的生产要素究竟是如何产生并成为关键生产要素的？这种生产要素未来是否会像物质资本一样逐渐丧失其价值并被更新的生产要素所取代？对这些问题现有研究都无法给予回答。

其二，促进分工演进。

新古典主流经济学对数字产业增长效应的分析以数字经济作为一种普遍存在的经济形态为前提，没有能够刻画数字经济产生、发展、演变的整个过程。针对这一缺陷，新兴古典经济学通过超边际分析的方法，按照内生专业化与分工经济的视角，从数字产业化和产业数字化两方面探讨了数字产业对社会生产的影响。

就数字产业化而言，依托杨小凯奠定的新兴古典经济学分析框架，郑小碧通过建立一个由连接者主导的产消一体化超边际模型，深入研究了"+互联网"和"互联网+"这两种商业模式的区别以及前者向后者转换的内在机理①。就转换机理而言，"+互联网"和"互联网+"这两种经济形态的关键区别在于内容提供者与市场的关系及连接者的功能形态。然而，转换也并不是无条件发生的，只有当市场交易效率和连接服务本身的交易效率同时超过各自的门槛值时，价值分配型连接者主导的"+互联网"单向局部连接模式才会向价值创造型连接者主导的"互联网+"无边界社群型连接模式升级。从社会分工演进的角度看，市场交易效率、连接服务生产效率的提高以及学习成本的降低都有利于连接者的出现，而内容提供者生产效率的提高和学习成本的降低能够进一步加快"互联网+"结构中价值创造型连接者的生成速率。通过进一步将影子工作（购物、物品管理和家务）以及消费和闲暇活动引入产消一体化的超边际分析模型，庞春发

---

① 郑小碧. "+互联网"、"互联网+"与经济发展：超边际一般均衡分析 [J]. 经济学动态，2017（6）：32-44.

现，技术进步尤其是交易技术进步，虽然推动了经济繁荣，却也加剧了休闲时间的稀缺①。在数字经济时代，强化智能制造技术的应用、努力降低学习的成本、培训并发展"时间市场"对于促进经济增长、减轻时间压力造成的负效用具有重要的意义。

就产业数字化而言，黄群慧等在新兴古典经济学产消一体化框架的基础上建立了互联网发展影响制造业效率的超边际模型②。具体而言，互联网服务主要通过两种机制改造了传统制造业：一是通过为制造业生产者提供专业化交易服务，提升制造业生产的专业化水平来提高生产率；二是通过减少产品市场中信息不对称程度来降低交易成本，加速分工。郑小碧等通过纳入中间制造业产品和信息匹配服务拓展了已有的超边际模型，在新兴古典经济学框架下解释了数字经济时代传统外包、网络外包与网络众包等生产组织形式的产生与演变③。

新兴古典经济学对数字产业化和产业数字化的相关研究在一个分工演进的统一框架内解释了信息数字产业的产生、发展过程及其对传统产业的影响，为数字产业影响社会生产提供了新的分析视角，但仍然存在一些明显的缺陷，具体内容如下：

第一，作为核心概念的交易效率是外生的，现有研究无法予以解释。尽管交易效率的改进推动数字产业化和产业数字化发展是一个合理的假说，但交易效率本身改进的原因是什么？交易效率在什么样的技术框架下才可能得到改进？传统的交易形式与数字经济生产形式是否相适应？这一系列问题得不到解决将在很大程度上制约现有研究的适用范围，然而遗憾的是，交易效率处于整个逻辑链条的起始点，因此这些问题在新兴古典分析框架中很难得到合理的解释。

---

① 庞春. 探索经济繁荣与时间压力并存之谜：基于影子工作、技术进步的分工经济学分析 [J]. 中国工业经济，2021（8）：45-62.

② 黄群慧，余泳泽，张松林. 互联网发展与制造业生产率提升：内在机制与中国经验 [J]. 中国工业经济，2019（8）：5-23.

③ 郑小碧，庞春，刘俊哲. 数字经济时代的外包转型与经济高质量发展：分工演进的超边际分析 [J]. 中国工业经济，2020（7）：117-135.

第二，作为生产核心的企业并没有获得应有的地位，而且现有研究缺乏对生产过程的深入探讨。自工业革命以来，生产职能越来越普遍的由企业这种生产组织所承担，离开了对企业的分析也就无法探讨具体的生产过程。但是，绝大多数新兴古典经济学的研究都预设了产消者一体的个人生产模式，仅仅通过专业化水平描述生产过程，这实际上就偏离了以协作和组织内分工为基础的生产理论研究的主线。因此，也就无法深入分析数字产业如何改造、再造传统的生产流程，也无法对生产组织内部的经济关系进行有效的探索。

其三，推动范式变迁。

新兴古典经济学以交易效率改进为理论起点，从内生专业化与分工经济的视角渐进地探讨了数字产业影响社会生产的整个过程。与之不同的是，演化经济学则采用跃进的方法，以技术创新为理论起点，从技术-经济范式和社会-政治范式变迁的视角分析了数字产业对社会生产的影响。

新熊彼特学派的领军人物佩雷斯提出了技术-经济范式的概念，旨在描述人类历史上每一次技术革命的结构及其在经济和社会生产、生活过程中扩散与同化的规律[①]。杨虎涛和冯鹏程指出，一种技术-经济范式的扩散和同化与关键生产要素的劳动生产率提升速度及相应的价值变动密切相关。就演进特征而言，数字产业演进呈现出了速度快、渗透强、可持续、自组织、辐射面广等特征[②]。康瑾和陈凯华进一步研究了支撑数字技术进步的创新发展体系[③]。他们将数字创新发展体系划分为围绕数字自身创新发展形成的经济体系和创新发展经济体系的数字化两个互相融合增值的子体系，并从数字技术不断升级突破、知识生产方式不断优化、创新要素关系不断增强、创新主体边界不断扩大、制度和条件不断完善五个方面构建

① PEREZ C. Technological revolutions and techno - economic paradigms [J]. Cambridge Journal of Economics, 2010 (1): 185-202.

② 杨虎涛，冯鹏程. 技术—经济范式演进与资本有机构成变动：基于美国 1944—2016 年历史数据的分析 [J]. 马克思主义研究，2019 (6): 71-82.

③ 康瑾，陈凯华. 数字创新发展经济体系：框架、演化与增值效应 [J]. 科研管理，2021 (4): 1-10.

了数字经济体系演化的动力系统。相应的，数字创新发展体系通过投入创新数字化、产品创新数字化、工艺创新数字化、市场创新数字化以及组织创新数字化五种渠道实现价值增值。

以上研究从技术-经济范式演变的视角分析了数字产业影响社会生产的内在机理，归纳了推动数字创新的根本动力，为完善促进数字经济发展的相关制度提供了参考和借鉴，但仍存在以下两方面局限性：

第一，没有解释推动数字经济发展的技术进步从何而来。技术-经济范式以技术创新为逻辑起点，旨在阐明重大技术创新的扩散和同化机制。然而，对于技术进步是如何发生的，按照什么方向发生，以及未来的演进前景等问题，技术-经济范式理论都没有给予回答。

第二，没有从数次技术革命的演进中揭示技术创新的根本规律。以不同的技术-经济范式为标准，现有研究将技术史上频繁呈现的技术进步划分为机械化、电气化、自动化、信息化、数字化五次技术革命浪潮，却没有从历次技术革命中总结出生产力发展的一般规律，因此也就无法准确预测数字经济未来的发展趋势。

20世纪70年代以来，西方主要发达国家都进入了增长乏力和不平等日益严重的"问题时代"[①]。"问题时代"在时间上恰好与第五次技术革命同步，导致了第五次技术革命浪潮与前四次技术革命浪潮的经济和社会绩效存在明显差异。这就标志着单纯依靠技术-经济范式理论不足以解释技术革命浪潮效能释放过程中的制度性障碍。基于此，杨虎涛认为，技术-经济范式的扩散必然会受到社会-政治范式的影响，只有在技术-经济范式和社会-政治范式两者耦合的情况下，以数字化为特征的第五次技术革命浪潮的潜能才能得到充分释放[②]。新一代数字技术的广泛应用一方面对就业市场产生了巨大的冲击，另一方面也加强了对劳动的监督和控制，依靠

① PIKETTY T. Capital in the twenty-first century [M]. Boston: The Belknap Press of Harvard University Press, 2014: 59-61.
② 杨虎涛. 社会—政治范式与技术—经济范式的耦合分析：兼论数字经济时代的社会—政治范式 [J]. 经济纵横, 2020 (11): 1-11.

更包容的社会政策促进社会-政治范式与技术-经济范式的良性耦合，释放数字经济的潜能。为了充分发挥数字经济的增长潜力，推动新时代中国经济的高质量发展，在另一篇文章中，杨虎涛从四个方面提出了完善社会制度安排的政策建议：一是利用庞大的产业需求和国内市场需求，为多维度技术的协同发展创造有利条件；二是以新基建为契机，为多维度技术的大协同奠定产业发展的基础；三是在重大科技创新领域探索、发展和完善社会主义市场经济条件下的新型举国体制，为重大科技创新突破创造条件；四是针对新一轮技术革命浪潮的技术和产品特征，补齐制度短板，创新"制度基础设施"，促进数字经济的潜在生产力得以最大程度释放[1]。

社会-政治范式概念的提出是对技术-经济范式理论的重要补充，其突破在于认识到技术变迁具有一定的方向性，而这种方向性一方面由社会-政治范式加以塑造，另一方面又反过来强化了既有的制度范式。尽管取得了一些理论突破，但新熊彼特学派没有从数次技术革命的演进中揭示出生产力发展一般规律的问题仍然未能得到解决。

其四，实现智力解放。

演化经济学没有能够解决数字产业影响社会生产的核心因素——技术进步从何而来的问题，当代西方左翼的相关研究一定程度上弥补了这一缺陷。加速主义、意大利自治主义以及认知资本主义等西方左翼思想流派从马克思1857—1858年经济学手稿中的——"机器论片段"[2]中获取了灵感，将一般智力作为推动数字技术进步和数字产业渗透的最终决定因素，为马克思主义经典文本注入了新的活力。

加速主义的代表人物威廉姆斯（Srnicek）和斯尔尼塞克（Williams）认为，只有了解资本主义生产方式的完整运行机制，才能深刻认识当今数

---

① 杨虎涛. 数字经济的增长效能与中国经济高质量发展研究 [J]. 中国特色社会主义研究，2020（3）：21-32.

② 参见《马克思恩格斯全集》中文第二版第三十一卷"固定资本和社会生产力的发展"一节，国外学者通常将该节的内容简称为马克思的"机器论片段"。

字时代的资本主义①。他们从马克思 1857—1858 年经济学手稿"机器论片段"中汲取了一个关键词汇——一般智力，并指出一般智力对社会的强力改造在当代集中体现在两个方面：一方面是新一代数字技术的快速发展；另一方面是平台组织形式的广泛扩散。加速主义认为数字技术发展的同时也为超越资本主义提供了生产力基础，而平台组织则将数字时代的核心生产要素——数据据为己有，并在此基础上形成了相互独立的生态系统，这种不断加速的技术与平台组织形式之间的矛盾限制了技术开发的潜能及其普遍应用的可能性②。为了超越当前资本主义对于数字经济发展的限制，需要改变先进技术的使用方式并将其导向后资本主义的应用。具体而言，可以通过采用自动化技术将人们从繁重的工作中解放出来，对新技术实施集体控制以超越资本主义社会建制，利用技术平台及其数据算法重构经济、政治和社会领域的民主等措施以实现技术应用的重新目的化，将其导向后资本主义的公共目标③。

加速主义从马克思主义经典文本中汲取"一般智力"的概念，用其解释了推动数字产业发展的技术来源，并依托葛兰西的"文化霸权"理论提出了超越数字资本主义的可能路径，是对数字资本主义进行批判性反思的有益尝试。然而，不幸的是，加速主义学者也对马克思主义经典文本进行了一些错误的解读和诠释，具体如下：

第一，只关注一般智力的表现形式——技术加速，而忽略了这一概念的丰富内涵及其本身的发展过程，因此对技术进步来源的解释仍然缺乏说服力。实际上，加速主义一方面试图用一般智力解决不断加速的数字技术的来源问题，另一方面又过分执着于描述数字资本主义的现实特征，从而放弃了对这一概念的系统性挖掘。

① SRNICEK N，WILLIAMS A. Inventing the future：post - capitalism and a world without work [M]. London：Verso，2015：94-96.

② SRNICEK N. Platform capitalism [M]. Cambridge：Polity Press，2017：42-47.

③ CUNNINGHAM D. A Marxist heresy? Accelerationism and its discontents [J]. Radical Philosophy，2015（1）：29-38.

第二，在规划向后资本主义过渡的路径时完全抛弃了阶级冲突，因而不可能得出可行的解决方案。由于忽略了数字资本主义时代普遍存在的阶级对立和阶级冲突，加速主义只能将改造资本主义的希望寄托于对加速技术的重新目的化。然而，主要资本主义国家数字经济发展的实践已经表明，在新一代数字技术被资本掌控的经济社会框架下，单纯依靠呼吁以及号召公众参与来实现数字技术应用的平等化和民主化只能是不切实际的空想。

与近十年兴起的加速主义不同的是，意大利自治主义学者早在20世纪60年代就开展了对"机器论片段"的研究，因而对"一般智力"这一概念的挖掘比加速主义要深刻。以资本主义社会的劳资对抗为逻辑起点，自治主义将一般智力置于劳动主体性的分析中进行考察。哈特（Hardt）和奈格里（Negri）指出，在福特制的生产背景下，物质劳动居于主导地位，作为一般智力表现形式的机器体系已经演变成为大规模应用的生产技术，充当了资本控制工人的有效手段，这种控制手段的产生和发展实际上是劳动自主反抗资本的结果。随着福特制向后福特制演进，在数字经济时代特别是数字产业中，非物质劳动的地位越来越突出[1]。因此，一般智力与直接劳动相分离的趋势已经不再明显，一般智力正在转变为智力一般，并开始与劳动主体重新融合，这蕴含了人类解放的主体性力量[2]。基于这种判断，自治主义认为，凭借非物质劳动的重要作用以及对一般智力的掌握，劳动主体完全可以在资本管控范围之外创造独立的"共同禁区"，跨越资本主义生产关系。

意大利自治主义通过凸显劳动主体性对一般智力进行了较为细致的当代解读，在此基础上提出了占有一般智力的劳动主体集体走出资本管控和约束以实现后资本主义的发展路径。然而，不能忽视的是，意大利自治主

① HARDT M, NEGRI A. Assembly [M]. Oxford：Oxford University Press, 2017：231-250.
② VIRNO P. A grammar of the Multitude：for an analysis of contemporary forms of life [M]. Cambridge：The MIT Press, 2004：65-66.

义对于马克思主义的经典文本进行了过分的诠释和解读，很多分析都是错误的，具体内容如下：

第一，完全背离了历史唯物主义的立场。自治主义认为在数字经济时代，非物质劳动占主导地位，物质劳动已经不再重要，从根本上就不符合历史唯物主义的基本观点。马克思在《德意志意识形态》和《政治经济学批判大纲》中反复指出，物质生产是人类社会存在和发展的基础，物质生产劳动在任何时代都不可能不再重要，以非物质劳动来否定物质劳动的重要性无论在理论上还是实践上都是站不住脚的。

第二，过分夸大了一般智力的内涵。在马克思所处的时代，一般智力集中表现为机器体系，随着社会知识的快速增长，一般智力又可以表现为技术体系和大数据。尽管一般智力有不同的表现形式，但并非可以无限扩展。马克思明确指出，一般智力即有利于物质生产活动的一切科学、一切发现、一切发明。自治主义把一切信息，甚至将关系、情感和社会交往都纳入一般智力的范畴显然是为自己的理论服务而对马克思主义经典文本做出的随意解读。

第三，有意忽略了阶级冲突和革命的作用。如果说在物质劳动占主导地位的时期，阶级冲突还存在于自治主义的语境中，那么在非物质劳动主导的数字经济时代，阶级关系和革命斗争则被有意地忽略了。通过使用"共同性""集体出走""资本禁区"等概念逐渐代替阶级，自治主义勾勒出了一幅非物质劳动者通过自主联合摆脱资本约束走向后资本主义新时代的美好前景，但在一般智力由资本所掌控的现实背景下，这无异于是一种空想。

起源于法国的认知资本主义从意大利自治主义的思想中获得了灵感后，对自治主义背离马克思原意的一些错误解读进行了修正。然而，遗憾的是，在向后资本主义时代过渡的力量和方式选择问题上，认知资本主义又几乎完全回到了自治主义的路径上。因此，在这里我们只阐明认知资本主义对自治主义理论进行的关键修正，具体内容如下：

第一，认知资本主义否定了自治主义通过物质劳动和非物质劳动对生产阶段的划分。博当（Boutang）指出，资本对劳动的控制能力在数字时代空前提高①。这种逐渐增强的控制能力并非表现在对物质劳动和非物质劳动的监视与管控上，而是表现在对认知能力的不断剥夺上。

第二，以认知能力为逻辑主线对数字资本主义的起源、发展与演变过程进行了统一的解释。维塞隆（Vercellone）认为，数字资本主义起源于生产过程中增强对工人监视和控制能力的需要，为了满足这一需要，工人的认知能力不断被剥夺，整个社会的认知能力越来越集中于少数人手中②。这种认知能力的集中一定程度上促进了知识的扩散并带动了以控制工人为目的的技术进步。在数字资本主义时代，资本对工人的控制能力达到了顶峰，无处不在的信息、数据流可以对几乎一切生产活动实施监控。但这种方便信息传递和扩散的技术网络也为工人获取一般社会知识提供了便利，因此蕴含着实现解放的力量。

（2）数字产业对社会生产的影响效果

理论上，对数字产业影响社会生产效果的研究既应当考察生产力也应当考察生产关系，但囿于数据可获得性的限制，现有文献只从经验上检验了数字产业对社会生产力的影响效果。在实证研究过程中，这些文献几乎都将全要素生产率当作社会生产力的衡量指标，得出了数字产业促进全要素生产率提升的结论。

基于2015—2018年我国30个省（自治区、直辖市，不包括西藏）的面板数据，万晓榆和罗炎卿使用广义最小二乘（FGLS）估计方法检验了数字产业对全要素生产率的影响效果，发现数字产业对区域全要素生产率有显著的正向影响，区域数字产业发展水平每提升1个百分点能够直接带

---

① BOUTANG Y M. Cognitive capitalism［M］. Cambridge：Polity Press，2011：132-134.

② VERCELLONE C. From formal subsumption to general intellect：elements for a Marxist reading of the thesis of cognitive capitalism［J］. Historical Materialism，2007（1）：13-36.

动全要素生产率提升 0.25 个百分点[①]。刘维林和程倩以 2000—2014 年的世界投入产出数据为基础，使用两区制空间自回归估计方法考察了全球 43 个主要经济体数字产业对全要素生产率的影响，也证实了数字产业对全要素生产率的提升有促进作用[②]。不过，不同数字细分产业对全要素生产率的影响效果存在很大差异，其中计算机电子产业对全要素生产率的提升效应最为明显。国外一些学者还检验了数字产业对农业和制造业全要素生产率的影响效果，都得出了数字产业促进全要素生产率提升的结论[③][④]。

2.2.4 数字产业集群的形成

在不断集聚的过程中形成具有竞争力的产业集群是产业发展的一般趋势，不过，由于数字经济兴起的时间还不长，数字产业还没有发展到完全成熟的阶段，学界对数字产业集群的研究并不多，现有的少量文献主要探讨了数字产业集群的内涵特征和构建路径问题。

（1）数字产业集群的内涵特征

杜庆昊认为，数字产业集群是从事数字产品制造、提供数字产品服务、开展数字技术应用、通过数字要素驱动的企业主体及相关机构形成的企业集群。与传统产业集群相比，数字产业集群更强调技术、算法、知识产权等无形要素的集中，对传统意义上的土地、设备等有形要素的依赖性下降，因而在一定程度上打破了传统产业集群必须形成物理空间集聚的特

---

① 万晓榆，罗焱卿. 数字经济发展水平测度及其对全要素生产率的影响效应 [J]. 改革，2022（1）：101-118.

② 刘维林，程倩. 数字产业渗透、全球生产网络与非对称技术溢出 [J]. 中国工业经济，2023（3）：96-114.

③ ROBERTS E，TOWNSEND L. The contribution of the creative economy to the resilience of rural communities：Exploring cultural and digital capital [J]. Sociologia Ruralis，2016（2）：197-219. 正如 2.2.1 中指出的，学界对于如何界定数字产业尚未达成共识，国外的经验研究有些使用信息技术产业衡量数字产业，有些则使用机器人制造业衡量数字产业，目前并无统一的标准。

④ KOCH M，MANUYLOV I，SMOLKA M. Robots and firms [J]. Economic Journal，2021（6）：2553-2584.

征。数字产业集群是数字经济发展的高级形态，是经济体向"群体合作共赢"转换的全新模式，具有高共享性、高协同性、高创新性的特征[1]。王如玉等强调，不同于以地理空间集聚为特征的传统产业集群，数字产业集群表现出了以数据和信息实时交换为核心的"网络虚拟集聚"这种空间组织的新形态，虚拟集聚具有数据资源化、信息在线化、需求碎片化、交易泛在化、生产柔性化、平台巨型化和全链一体化等特征，使网络虚拟空间可以随着信息技术的发展而充分扩展其边界，不受地理条件和人文环境的限制[2]。在此基础上，周海川等进一步丰富了数字产业集群的内涵特征，他们认为，数字产业集群是以新发展理念为引领，从事数字产品制造、技术应用、服务开发、数据要素驱动的企业以及基础设施供应商、管理机构、服务机构、金融机构、中介机构等组织在特定地理空间或互联网平台上集聚，围绕创新链产业链资金链人才链相互融合、协同发展，形成彼此联结、共生、竞争、合作关系的群体。数字产业集群具有创新链产业链资金链人才链相互融合、数字产业位居全球价值链高端环节、聚合全球资源要素能力强大、大中小企业融通发展形成利益共同体、持续涌现引领全球竞争的新赛道、拥有健康国际化的数字产业生态圈等特征[3]。

（2）数字产业集群的构建路径

周海川等认为，打造具有国际竞争力的数字产业集群是一个系统工程，应当统筹兼顾、整体谋划，从坚持科技自立自强、健全数据要素市场机制、科学布局数字产业集群、着力提升数字服务和治理能力、深化数字产业集群对外开放、构建数字健康生态等六个方面着力推进。以波特的国家竞争优势理论为依据，杜庆昊认为，应当从生产要素、需求条件、辅助行业、市场竞争、政府功能等五个方面探索数字产业集群的构建路径：在

---

① 杜庆昊. 数字产业集群的内涵特征和构建路径［J］. 数字经济，2023（Z2）：2-8.

② 王如玉，梁琦，李广乾. 虚拟集聚：新一代信息技术与实体经济深度融合的空间组织新形态［J］. 管理世界，2018（2）：13-21.

③ 周海川，刘帅，孟山月. 打造具有国际竞争力的数字产业集群［J］. 宏观经济管理，2023（7）：27-32.

生产要素方面，要充分发挥技术和数据等要素的竞争优势；在需求条件方面，要积极推动生产和消费场景的数字化；在辅助行业方面，要重点推动数字产业化和产业数字化发展；在市场竞争方面，要坚持对内发展龙头企业和对外扩大开放合作并重；在政府功能方面，要积极为产业集群"数字化"发展创造政策环境①。

2.3　产业数字化

产业数字化主要表现为通过数字技术对传统产业进行改造，以实现传统产业的转型升级，是数字产业与传统产业联结互动的必然结果。学界主要探讨了农业的数字化转型、工业的数字化转型、金融业的数字化转型这三方面的问题。

2.3.1　农业的数字化转型

数字技术的进步和数字产业的发展为农业的数字化转型提供了必要条件：一方面，大数据算法、人工智能、卫星遥感等数字技术能够将农业生产知识内嵌于数字化生产资料中，有利于实现农业的科学化经营②。刘海启认为，得益于农业遥感等 3S 空间信息技术的应用，我国一些地区在整地、除草、播种、撒药、采摘等生产环节已经能够实现精准作业，与传统的现代农业生产方式相比，既节约了资源，又降低了成本，显著提高了农业生产率③。比尔纳等（Birner et al.）进一步指出，除了种植业方面的自

①　杜庆昊. 数字产业集群的内涵特征和构建路径 [J]. 数字经济, 2023 (Z2)：2-8.
②　殷浩栋，霍鹏，汪三贵. 农业农村数字化转型：现实表征、影响机理与推进策略 [J]. 改革, 2020 (12)：48-56.
③　刘海启. 以精准农业驱动农业现代化加速现代农业数字化转型 [J]. 中国农业资源与区划, 2019 (1)：1-6.

动化之外，畜牧业方面也已经利用机器人技术完成了喂养畜牧、挤奶和谷仓清洁等工作[①]。此外，智慧农业还能够对农作物和牲畜的生长状况进行实时监控，及时做出有针对性的调整，这都有利于提高农业的盈利能力[②]。另一方面，信息通信技术的扩散能够显著降低农民在市场、天气、病虫害、农业生产知识等方面的信息不对称，提高决策效率，改善农民福利。阿克尔（Aker）发现，以移动电话为基础的应用程序和服务的数量在发展中国家的农业部门中显著增加，语音、广播、短信和互联网提供的有关天气、运输、产品市场价格、农业技术的信息可以减少农民采用数字农业技术过程中面临的信息不对称问题[③]。许玉韫和张龙耀认为，与传统农业供应链金融相比，农村电商平台、物联网和数字金融等技术在农业中的应用能够显著降低金融服务中的交易成本，有利于构建农村数字化信用评价体系，缓解信贷机构对于农民信息不对称的问题，优化风险控制策略，最终提高金融供给效率[④]。

2.3.2　工业的数字化转型

数字技术的进步和数字产业的发展为工业的数字化转型提供了三个方面的有利条件：一是工业互联网等数字基础设施降低了企业的运营成本。尚洪涛和宋岸玲认为，工业互联网不仅有利于缓解企业的融资约束，减少融资成本，还降低了接入企业的固定资本投资水平，提高了机器设备的周

---

① BIRNER R, DAUM T, PRAY C. Who drives the digital revolution in agriculture? A review of supply-side trends, players and challenges [J]. Applied Economic Perspectives and Policy, 2021 (4): 1260-1285.

② 殷浩栋, 霍鹏, 肖荣美, 等. 智慧农业发展的底层逻辑、现实约束与突破路径 [J]. 改革, 2021 (11): 95-103.

③ AKER J C. Dial "A" for agriculture: A review of information and communication technologies for agricultural extension in developing countries [J]. Agricultural Economics, 2011 (6): 631-647.

④ 许玉韫, 张龙耀. 农业供应链金融的数字化转型: 理论与中国案例 [J]. 农业经济问题, 2020 (4): 72-81.

转速度，显著促进了我国制造业企业的数字化转型①。二是智能化、自动化设备的采用提高了企业的生产效率。布莱克和林奇（Black and Lynch）发现，在办公室负责常规工作的非管理层员工，使用计算机的比例越大，企业的生产率就越高②。科赫等（Koch et al.）证实，工业机器人的采用能够使制造业企业的产出增长 20%~25%③。三是人工智能和大数据分析技术促进了企业的技术和流程创新。人工智能算法能够帮助工业企业持续优化生产、交付、运输和管理流程，通过对现有业务流程的改进创新促进企业生产效率的提高④。恰尔尼茨基等（Czarnitzki et al.）认为，人工智能分析技术在工业企业中的应用能够促进生产技术的组合创新，通过创造新的生产方式推动企业的生产可能性边界不断向外移动⑤。

2.3.3 金融业的数字化转型

金融业的数字化转型表现在两个方面：一是原有金融机构经营业务的数字化升级；二是新型数字金融机构的产生。就第一方面而言，数字技术有利于降低原有业务的经营成本，提高经营效率。黄益平和黄卓认为，数字技术在金融业务中的应用促进了在线业务办理的普及，在精简业务流程、降低交易成本的同时借助金融算法提高了后续审核的效率⑥。伯格等（Berg et al.）指出，数字技术显著改善了银行信贷的筛选和检测机制，从

---

① 尚洪涛，宋岸玲. 工业互联网产业政策促进了企业数字化转型吗 [J]. 科学学研究，2023（11）：1991-2003.

② BLACK S E, LYNCH L M. How to compete：The impact of workplace practices and information technology on productivity [J]. Review of Economics and Statisrics, 2001（3）：434-445.

③ KOCH M, MANUYLOV I, SMOLKA M. Robots and firms [J]. Economic Journal, 2021（6）：2553-2584.

④ RAMMER C, FERNANDEZ G P, CZARNITZKI D. Artificial intelligence and industrial innovation：Evidence from German firm-level data [J]. Research Policy, 2022（7）：104555.

⑤ CZARNITZKI D, FERNANDEZ G, RAMMER C. Artificial intelligence and firm-level productivity [J]. Journal of Economic Behavior&Organization, 2023（2）：188-205.

⑥ 黄益平，黄卓. 中国的数字金融发展：现在与未来 [J]. 经济学（季刊），2018（4）：1489-1502.

而能够为用户提供更为精准的借贷服务[①]。Cheng 和 Qu 发现，数字科技在银行中应用明显降低了商业银行的信用风险，提高了银行的风险控制能力[②]。就第二方面而言，数字技术的进步和数字产业的发展催生了新型的金融科技公司，填补了信贷市场中商业银行受到监管约束之外的空白领域[③]。福斯特等（Fuster et al.）认为，得益于大数据分析技术、人工智能算法和实时信用监控技术的应用，新型金融科技公司在抵押贷款申请的处理速度上比传统贷款机构快了20%以上，这就使得金融科技贷款机构能够更加灵活地调整信贷供给，以应对外部抵押贷款需求的冲击[④]。郭峰等发现，在传统金融机构加大普惠金融实践的同时，依托智能算法、大数据和云计算等创新技术的数字金融机构进一步拓展了普惠金融的触达能力和服务深度，为经济落后地区以及广大中低收入者和弱势群体获得覆盖面更广、使用深度更大的金融服务提供了可能[⑤]。

2.4 推动我国数字经济发展的政策建议

通过本章前三节对数字经济发展问题的系统梳理，可以发现，目前国内外学者对数字经济发展的理论研究更多局限于表象描述，尚未形成学理性的系统研究，这就直接导致了当需要对发展我国数字经济提出切实可行的政策建议时缺乏充足的理论指导。事实上，学界主要从技术特征、国际

① BERG T, FUSTER A, PURI M. Fintech lending [J]. Annual Review of Financial Economics, 2022 (1)：187–207.

② CHENG M, QU Y. Does bank FinTech reduce credit risk? Evidence from China [J]. Pacific-Basin Finance Journal, 2020 (3)：1–74.

③ 齐兰，何则懿. 数字资本研究进展 [J]. 经济学动态，2023 (10)：128–143.

④ FUSTER A, PLOSSER M, SCHNABL P, et al. The role of technology in mortgage lending [J]. Review of Financial Studies, 2019 (5)：1854–1899.

⑤ 郭峰，王靖一，王芳，等. 测度中国数字普惠金融发展：指数编制与空间特征 [J]. 经济学（季刊），2020 (4)：1401–1418.

比较、国家战略、政策梳理这四个角度提出推动我国数字经济发展的政策建议，鲜有依托系统理论研究而得出的政策思路和体系。

2.4.1 基于技术特征视角的政策建议

王伟玲和王晶认为，数字经济具有创新性、规模性和革命性等特征，其发展不再主要依赖物质材料的投入和新能源的开发，而是依赖信息技术的应用和信息资源的开发利用，发展我国的数字经济需要从建立适应数字经济发展的市场体制、加强信息公开和数据开放、强化信息知识产权保护、鼓励商业模式创新和技术创新、提高全民信息意识五个方面着手推进[1]。赵剑波认为，数字经济作为一种广泛、复杂的经济现象，其特征与高质量发展的内涵高度相关，数字经济本身就是一种高质量的经济形态，发展数字经济应当以产业数字化为主战场、发挥数字平台的引领带动作用、培育壮大数据要素市场、规范数字经济运行秩序[2]。

基于数字经济技术特征视角提出的政策建议具有一定的普遍适用性，但也存在着明显的不足：一是随着数字经济的持续发展，其技术特征也会不断演变，如果没有系统的理论研究，很难准确把握数字经济生产力演进的核心特征，这就容易导致政策的前后不一致；二是数字技术能够在不同的国家得以广泛应用，但我国与西方发达国家在生产关系方面存在很大差异，因此基于数字经济生产力特征得出的一般政策建议对我国未必适用。

2.4.2 基于国际比较视角的政策建议

钟春平等以美国为参照系，在对中美两国数字经济进行比较的基础

---

① 王伟玲，王晶．我国数字经济发展的趋势与推动政策研究［J］．经济纵横，2019（1）：69-75．

② 赵剑波．数字经济高质量发展：理论逻辑与政策供给［J］．北京工业大学学报（社会科学版），2023（4）：78-92．

上，针对我国数字经济发展的不足提出了推进我国数字经济发展的政策建议：一是政府发挥支持和示范作用，开放非涉密数据；二是以现有平台或数据库建设为基础，统一建立数据平台；三是高度重视数据安全和网络安全，加大监管力度；四是加大消费补贴力度，提升数字经济市场需求①。刘方和孟祺将中国的数字经济与美国、日本和英国进行了对比，根据当前存在的明显差距从加强自主创新、加大数字经济融合力度、规范数字经济发展三个方面提出了发展我国数字经济的政策建议②。

基于国际比较视角提出的政策建议具有一定的针对性，但忽略了中国与发达国家更深层次的难以直接加以比较的因素。事实上，中国与发达国家在经济结构、基本经济制度、经济发展阶段等多方面都存在显著差异，数字经济发展方面的差距也可能是这些因素所导致的，因此一味以发达国家为参照系提出的数字经济发展政策对我国未必有效。

2.4.3 基于国家战略视角的政策建议

杨虎涛认为，新发展格局战略是对数字技术重塑全球分工和贸易秩序的主动性适应，构建新发展格局与数字经济发展是一个有机整体，新发展格局为数字经济发展提供了所需的基础条件，数字经济的发展应当促进新发展格局的形成③。因此，在以构建新发展格局为导向推动数字经济发展过程中的政策重点是：在微观层次上，通过竞争政策和公共品供给，促进企业数字化转型；在中观层次上，通过产业协同促进通用技术的扩散及相应的部门重构；在宏观层次上，通过适宜的社会-政治范式的供给，确保新技术-经济范式增长效能充分释放的同时满足红利共享。王永瑜和吴玉

---

① 钟春平，刘诚，李勇坚. 中美比较视角下我国数字经济发展的对策建议［J］. 经济纵横，2017（4）：35-41.

② 刘方，孟祺. 数字经济发展：测度、国际比较与政策建议［J］. 青海社会科学，2019（4）：83-90.

③ 杨虎涛. 新发展格局构建与数字经济发展：内在逻辑与政策重点［J］. 学术月刊，2021（12）：60-73.

彬进一步指出，数字经济作为新的增长极，能够通过资源赋能、产业赋能、消费赋能、开放赋能推动我国新发展格局的构建，他们从夯实数字社会新基建、创新数字经济新业态、引导数字消费、推动实现更高层次的数据开放与共享四个方面提出了推动我国数字经济发展的政策建议①。

基于国家战略视角提出的政策建议在与某个发展战略紧密联系的方面具有较强的可行性，但本身并不全面，也不系统，不足以形成推动我国数字经济整体发展的政策体系。

2.4.4　基于政策梳理视角的政策建议

在系统梳理我国国家层面出台的一系列促进数字经济发展相关政策的基础上，陈卓等从五个方面归纳了深化数字经济发展的"中国方案"：一是以创新驱动为核心，全面赋能经济转型升级；二是以安全可信为前提，支撑落实总体国家安全观；三是以开放合作为基础，引领高水平数字丝路对外开放；四是以协调包容为要义，打造数字化时代的全球竞争力；五是以造福人民为宗旨，满足人民群众对高品质生活的向往②。张存阳等对 23 份省级"十四五"数字经济发展政策规划进行了文本量化分析，从加快培育企业数字化转型支撑、提高社会服务普惠程度、加强构建数字安全体系三个方面提出了促进我国数字经济高质量发展的政策建议③。

基于政策梳理视角提出的政策建议本质上是对现有政策、规划进行的总结、归纳和重构，这有利于保持数字经济发展政策的稳定性和延续性，但很难实现政策的预见性和前瞻性。

---

① 王永瑜，吴玉彬. 数字经济赋能新发展格局：内在机理及政策选择 [J]. 甘肃社会科学，2023（1）：218-227.

② 陈卓，许志国，谢恒烺. 数字经济的政策解读和发展路径 [J]. 宏观经济管理，2022（4）：26-39.

③ 张存阳，李晔，沈自强，等. 我国数字经济政策制定与实施的省际差异：基于省级规划的文本量化分析 [J]. 科学与管理，2023（2）：51-59.

2.5 对相关文献的总结性评论

通过以上四节对于相关文献的系统梳理，可以发现，国内外学者对于数字经济和数字产业集群发展的问题进行了积极的探索，取得了较为丰富的研究成果，但也存在明显的不足。接下来我们将基于此进一步提出本研究的切入点。

2.5.1 已有文献的主要贡献

已有关于数字经济和数字产业集群发展的研究，作出了以下主要贡献：

第一，数字经济是一种新的经济形态，数据是数字经济形态下的关键生产要素，具有非竞争性、规模报酬递增、持久性、再利用性、外部性等特征，平台是数字经济的核心组织，二者地结合在市场和企业之外提供了新的生产组织形式。不同流派的学者都认为以比特形式普遍存在的大数据作为新型、关键生产要素参与生产过程是数字经济时代区别于以往经济时代最重要的标志，使这种新型、关键生产要素充分发挥作用的生产组织既不是市场也不是企业，而是能够方便进行大数据采集、处理和扩散的数字平台。平台作为联通各经济主体的新型组织在数字经济中的地位日益凸显。

第二，与传统产业相比，以数据为核心生产要素的数字产业在市场结构方面表现出了垄断和市场集中程度更高的特征，在竞争行为方面表现出了更加多样化、复杂化的特征。数字产业具有强渗透性，能够通过强化知识生产、促进分工演进、推动范式变迁、实现智力解放等作用机制促进社会生产的发展。数字产业的持续演进将推动数字经济发展的高级形态——

数字产业集群的形成，使经济体的运行模式逐渐向"群体合作共赢"的全新运行模式转化。

第三，数字技术的进步和数字产业的发展为传统产业的数字化转型创造了必要的条件，推动了传统产业的改造升级。在农业方面，新一代数字技术的广泛应用提高了农业生产的自动化、智能化水平，降低了农民在市场、天气、病虫害、农业生产知识等方面的信息不对称，提高了农业生产效率。在工业方面，工业互联网等数字基础设施降低了企业的运营成本，智能化、自动化设备的采用提高了企业的生产效率，人工智能和大数据分析技术促进了企业的技术和流程创新。在金融业方面，人工智能和大数据分析技术的普遍使用不仅推动了原有金融机构经营业务的数字化升级，也促进了新型金融科技公司的产生。

第四，数字经济的发展对在特定经济的社会形态下进行深层次的制度变革和政策调整提出了一系列要求。新古典主流经济学发现当前的监管制度和产权制度已经不再适合以数据作为新型、关键生产要素的数字经济形态发展的需要，新兴古典经济学、演化经济学和当代西方左翼分别认为应当通过进一步完善经济、社会、政治制度框架实现向后资本主义数字时代的转变。中国特色社会主义政治经济学分别从技术特征、国际比较、国家战略、政策梳理等不同的视角为推动数字经济高质量发展提供了可借鉴的中国方案。

2.5.2　已有文献的不足

学界对数字经济和数字产业集群发展问题的研究，虽然取得了较丰富的成果，但仍然存在以下三点明显不足：

第一，没有建立一个研究数字经济发展的系统且逻辑一致的基本理论分析框架。尽管学者们在不同程度上讨论了数据成为生产要素的原因，并详细阐述了数据要素的价值和价格决定机制，也意识到了对数字经济发展的研究不能忽略数字产业化、数字产业集群、产业数字化和发展政策制定等重要问题；但上述各研究模块之间的关系仍然较为孤立，没有构建起相互之间的有机联系。

第二，没有对马克思主义社会经济形态理论进行系统阐释，并以此为指导形成对数字经济发展的系统性学理分析。马克思主义经济学揭示了人类社会发展的基本规律，并提供了认识世界的科学方法论，是分析当今时代数字经济发展问题的有效工具。但目前运用马克思主义社会经济形态理论对数字经济发展的研究还较为分散，没有形成能够统一阐释数字经济社会形态的产生、发展、演变等一系列基础问题的系统性理论，由此也就导致了我国数字经济和数字产业集群的发展实践缺乏科学完备的理论指导。

第三，没有对经济形态和经济的社会形态进行清晰的区分。对于数字经济和数字产业集群发展的理论研究之所以没有建立起系统且逻辑一致的基础理论分析框架，很大程度上是因为没有明确区分经济形态和经济的社会形态。事实上，经济形态属于生产力的范畴，标志着生产力的发展水平，反映的是人类社会与自然之间的技术关系，并不关注资源如何配置的问题。而经济的社会形态属于生产关系的范畴，表明社会制度的根本性质，需要在特定经济形态的基础上反映出人与人之间的经济关系。这一概念强调的是经济活动中的所有制和激励机制，特别重视资源有效配置的问题。任何经济的社会形态都是在一定经济形态的基础上发展的，而在历史的某些发展阶段一定的经济形态又可以兼容不同经济的社会形态。因此，对数字经济发展问题的分析无法脱离特定的社会制度而单独进行。数据要素化、数字产业化、数字产业集群、产业数字化实际上是一定经济的社会形态在作为一种全新经济形态的数字经济基础上运动发展的物质表现。正因为没有能够清楚地区分经济形态和经济的社会形态，甚至在很多情况下直接将经济的社会形态等同于经济形态，当前的研究才无法将数据要素化与数字产业化、数字产业集群、产业数字化和发展政策制定等问题有机联系起来，也才导致了当前各模块之间相对孤立甚至相互矛盾的研究状况。

2.5.3 本研究的切入点

针对以往研究的不足，借鉴国内外相关的研究成果，本研究将遵循马克思主义经济学的科学分析方法，在系统阐释马克思社会经济形态理论和习近平新时代中国特色社会主义经济思想中数字经济形态理论的基础上，厘清经济形态和经济的社会形态之间的区别和联系，归纳出分析经济的社会形态发展的一般方法论原则。在此基础上，紧密结合当前数字经济发展的实践以及数据要素的基本特征，从数据资源要素化、数据要素资本化、数字资本产业化、数字产业集群化、数字经济发展中国化五个层面尝试构建数字经济发展的系统且逻辑一致的基本理论分析框架。此外，本研究还将立足于中国特色社会主义经济制度提出发展数字经济、打造具有国际竞争力的数字产业集群的科学有效、切实可行的政策建议，从而能够在实践层面和政策层面上进一步彰显对数字经济发展问题进行透彻学理分析的重要意义。

3　马克思社会经济形态理论

对数字经济发展的理论分析，必须首先弄清楚马克思社会经济形态理论，然后在继承马克思社会经济形态理论基本原理和方法的基础上，推进马克思社会经济形态理论的中国化、时代化，将数字经济发展纳入中国特色社会主义政治经济学的理论体系，为我国发展数字经济、打造具有国际竞争力的数字产业集群提供理论支撑。

3.1　马克思社会经济形态理论

在《资本论》第一卷法文版（《马克思恩格斯全集》中文第 2 版第 43 卷）、《1857—1858 年经济学手稿》［又名《政治经济学批判大纲（草稿）》］、《1861—1863 年经济学手稿》、《1863—1867 年经济学手稿》、《德意志意识形态》、《哥达纲领批判》等著作中，马克思对社会经济形态问题做出了系统化的论述，形成了马克思社会经济形态理论。在马克思的社会经济形态理论中，马克思明确区分了经济形态和经济的社会形态两个不同的概念，并阐述了联系经济形态和经济的社会形态的关键中介环节，这为我们研究数字经济发展问题提供了方向和原则。

3.1.1　马克思的经济形态理论

在《资本论》第一卷第三篇第五章考察劳动过程时，马克思系统阐述了科学的经济形态理论①。由于对劳动过程的考察专门撇开了"社会经济发展的这个或那个阶段给这个运动打上的各种特殊的印记"②，也就是撇开了生产关系的影响，马克思的经济形态理论便具有了适用于任何社会的一般性质和特征，这就为认识当代数字经济新形态提供了科学的理论解释。

（1）经济形态的基本性质和划分依据

马克思指出："骨化石的结构对于认识已经绝种的物种的有机体有重要的意义，古代劳动资料的遗骸对于研究已经消亡的社会经济形态也有同样重要的意义。各种经济时代的区别，不在于生产什么，而在于怎样生产，用什么劳动资料生产。"③ 这就明确了经济形态的基本性质和划分标准。

经济形态属于生产力的范畴，标志着一定时代生产力的发展水平，是用来划分生产力不同发展阶段的概念，反映了人类社会与自然之间的技术关系。因此，与经济形态相关的理论不仅适用于资本主义社会，也适用于社会主义社会，能够作为分析社会主义经济制度下经济形态的理论基础和指导。

不同经济形态的划分主要依据劳动资料的发展水平。马克思指出："劳动资料不仅是劳动者发展的测量器，而且是劳动借以进行的社会关系的指示器。"④ 这就指明了劳动资料在经济形态划分上的关键意义。在考察工场手工业和机器大工业之间的区别时，马克思进一步指出："生产方式的变革，在工场手工业中以劳动力为起点，在大工业中以劳动资料为起

---

① 法文版为第三篇第七章，与德文第四版对应部分的标题也由"劳动过程"改为了"使用价值的生产"。由于《资本论》第一卷法文版是马克思生前亲自校订的最后一个版本，与德文版相比，很多表述都进行了精炼和修改，因而在马克思看来具有"独立的科学价值"。

② 马克思，恩格斯．马克思恩格斯全集：第四十五卷［M］．北京：人民出版社，2016：179.

③ 马克思，恩格斯．马克思恩格斯全集：第四十三卷［M］．北京：人民出版社，2016：182. 需要注意的是，这段引文中"社会经济形态"一词的翻译不太准确，容易引起歧义，因为马克思经常在生产关系意义上使用"社会经济形态"这一术语，参照3.1.2节。此处的"社会经济形态"在马克思亲自校订的《资本论》法文版原文中表述为"forms économiques des sociétés"，应当译为"社会的经济形态"，强调的是已经消亡的不同社会中经济形态的差别。

④ 马克思，恩格斯．马克思恩格斯全集：第四十三卷［M］．北京：人民出版社，2016：182.

点。"① 在深入研究资本主义社会生产力发展的问题时，马克思强调："加入资本的生产过程以后，劳动资料经历了各种不同的形态变化，它的最后形态是机器，或者更确切些说，是自动的机器体系，它是由自动机，由一种自行运转的动力推动的。"② 这就意味着，与包含机械性劳动资料、容器性劳动资料和进行劳动过程所需要的一切物质条件（如厂房、土地）在内的广义劳动资料相比，机械性的劳动资料这种狭义的劳动资料是划分经济形态的主要依据。因此，马克思认为，"机械性的劳动资料（其总和可称为生产的骨骼系统和肌肉系统）远比只是接收和保存劳动对象和劳动产品的劳动资料（其总和形成生产的脉管系统，如瓶、篮、罐、壶）更能显示一个经济时代的特性。后者只是在化学工业中才起较重要的作用"③。由于劳动资料特别是机械性劳动资料是划分经济时代的主要依据，按照劳动资料的发展水平，人类历史上的经济形态可划分为原始经济、农业经济、工业经济等。

（2）经济形态的理论内涵

尽管劳动资料的发展水平提供了划分不同经济形态的主要依据，但要科学认识经济形态还必须深入阐述经济形态的理论内涵。否则，就容易被工业革命以来生产资料快速迭代的表象所迷惑，将任意机械性劳动资料的进步都看成是经济形态变迁的标志。例如，我们能将打字机看作是当今数字经济时代的标志吗？

在考察劳动过程时，马克思首先将劳动过程分解为劳动本身、劳动对象和劳动资料三种简单要素，并从静态的角度逐一分析了各要素的具体内容。随后，马克思重点探讨了劳动的动态过程，他认为，"在劳动过程中，人的活动借助劳动资料使劳动对象发生所要求的变化"④。其中，"作为生产资料进入新的操作的一切使用价值，也就丧失了它的产品性质，只是作

---

① 马克思，恩格斯．马克思恩格斯文集：第五卷［M］．北京：人民出版社，2009：427．
② 马克思，恩格斯．马克思恩格斯全集：第三十一卷［M］．北京：人民出版社，1998：90．
③ 马克思，恩格斯．马克思恩格斯全集：第四十三卷［M］．北京：人民出版社，2016：182．
④ 马克思，恩格斯．马克思恩格斯全集：第四十三卷［M］．北京：人民出版社，2016：183．

为活劳动的因素在起作用"。如果"生产资料在劳动开始以后显示出它的产品性质",那"仅仅是由于它有缺点",例如,"不能切东西的刀,经常断头的纱等等,使人不愉快地想起它们的制造者。好的产品却不会使人想起给予它这些有用属性的劳动"①。很明显,马克思认为在研究经济形态时对劳动的动态过程,也就是劳动过程的技术形式的分析更加重要。因此,劳动过程的技术形式就构成了经济形态的理论内涵。

那么,如何对劳动过程的技术形式进行详细考察呢?理论上,社会中有多少种使用价值;与之相应,就应当有多少种劳动过程的技术形式,我们要对每种具体的劳动过程的技术形式逐一研究吗?这显然是无法做到的。对于这个问题,马克思说道:"除了从事劳动的那些器官紧张之外,在整个劳动时间内还需要有持久的注意力,这种注意力只能从持续紧张的意志中产生。而且,劳动的目的和方式越是不能吸引劳动者,劳动者越是不能感觉到劳动是他自己体力和智力的自由活动,总之,劳动越是不吸引人,就越需要这种注意力。"② 从这里就可以看出,尽管现实劳动过程的技术形式是千变万化的,但它们也具有一般的规律,即都必须解决在劳动过程中如何保持劳动者持久注意力的问题。在《资本论》第一卷阐述相对剩余价值的生产时,马克思不止一次地指出,机器大工业将对劳动过程的控制权从劳动者手中转移到了机器体系,于是劳动者注意力的保持就由机器外在地解决了③。通过设定机器的运行速度,资本家也同时达到了让劳动者持久保持注意力的目的,这使得劳动强度大为增加。而在机器体系没有普遍采用的时代,劳动者自身还保持着对劳动过程的有效控制,这种情况下注意力就由劳动者本人的自律,由劳动者自己的意志来保持④。

因此,劳动过程的技术形式的核心是采用什么方式对劳动过程进行控

① 马克思,恩格斯.马克思恩格斯全集:第四十三卷[M].北京:人民出版社,2016:185.

② 马克思,恩格斯.马克思恩格斯全集:第四十三卷[M].北京:人民出版社,2016:180.

③ 马克思,恩格斯.马克思恩格斯全集:第四十三卷[M].北京:人民出版社,2016:426-436.

④ SMITH A. The wealth of nations[M].Pennsylvania:The Franklin Library,1978:5.

制的问题。具体来说，对劳动过程的控制是依靠自律还是他律，如果依靠他律，又使用什么手段来实现。例如，是通过暴力手段，还是借助于机器体系？劳动过程的技术形式中对劳动过程进行控制的方式是判断经济形态的根本标准和依据。生产资料，特别是机械性生产资料作为划分不同经济形态的主要依据其意义就在于此。不同发展水平的生产资料对劳动过程的控制能力和方式是不同的。手工工具不能自行运动，必须借助于劳动者的操作才能发挥作用，在这种情况下劳动过程完全由劳动者本人控制①。机器体系能够自行运转，随着机器的不断改进，越来越多的人类劳动能够由机器代替，在这种情况下劳动过程就越来越多地由机器来控制了。从这个意义上说，内燃机、电动机取代蒸汽机并不能作为经济形态演变的标志，因为无论蒸汽机还是电动机都没有能够彻底改变通过机器体系带动劳动者活动的劳动控制方式。只有劳动者能够完全脱离生产过程的时候，人类社会才能彻底摆脱工业经济形态进入另外一个经济形态。那时，"工人把由他改变为工业过程的自然过程作为中介放在自己和被他支配的无机自然界之间。工人不再是生产过程的主要作用者，而是站在生产过程的旁边"②。因此，马克思经济形态理论的内涵是一个开放的、动态的、随着科学技术和生产要素的变化而不断丰富完善的理论体系。

3.1.2 马克思的经济的社会形态理论

与经济形态理论相比，经济的社会形态理论才是马克思在《资本论》及其手稿中主要考察的问题。在这些文本中，尽管也存在关于前资本主义和共产主义经济的社会形态的论述，但马克思重点探讨的是资本主义经济的社会形态理论。

---

① 由于分工是导致异化的根本原因，在旧分工没有消除的情况下，单纯依靠劳动者的自律来实现持久的注意力是不现实的。因此，在劳动者本身完全掌握劳动过程的传统农业经济形态中，封建领主享有司法权（合法使用暴力的权力）是保持劳动过程注意力的重要外部机制。

② 马克思，恩格斯. 马克思恩格斯全集：第三十一卷［M］. 北京：人民出版社，1998：100.

（1）经济的社会形态的基本性质和划分依据

在《政治经济学批判》序言中，马克思指出，"大体说来，亚细亚的、古代的、封建的和现代资产阶级的生产方式可以看做是经济的社会形态演进的几个时代"①。后来，由苏联科学院经济研究所编著的《政治经济学教科书》将经济的社会形态进一步归纳为"原始公社制度、奴隶占有制度、封建主义、资本主义、社会主义"五种类型②。很明显，经济的社会形态属于生产关系的范畴，标志着一定时代占主导地位的生产关系的特征，是用来划分生产关系不同发展阶段、表明社会制度根本性质的概念，反映了特定社会中人与人之间的关系。

不同的经济的社会形态的划分依据是所有制的形式。在《德意志意识形态》一文中，马克思明确指出，"分工的各个不同发展阶段，同时也就是所有制的各种不同形式"③。他依据所有制形式将人类社会划分为部落所有制、古典古代的公社所有制、封建所有制、资本主义所有制和共产主义所有制。这就表明了不同经济的社会形态的根本性质是由所有制形式决定的。

（2）经济的社会形态的理论内涵

所有制形式是划分经济的社会形态的依据，因此，所有制的内涵也就构成了经济的社会形态的基本内涵。

一定的经济形态能够通过观察生产资料发展水平的高低直观地加以判断，然而经济的社会形态的区分却不是显而易见的。困难在于既然所有制形式表明人与人之间的关系，那么几种根本上不同的所有制形式之间如何能够比较出各自发展水平的高低呢？事实上，如果人与人之间的所有制关系的高低能够轻易地判断出来，就不会有那么多坚持认为资本主义是永恒制度的经济学家了。

① 马克思，恩格斯．马克思恩格斯全集：第三十一卷［M］．北京：人民出版社，1998：413.
② 苏联科学院经济研究所．政治经济学教科书：增订第二版［M］．北京：人民出版社，1956：6.
③ 马克思，恩格斯．马克思恩格斯选集：第一卷［M］．北京：人民出版社，2012：148.

在《政治经济学批判大纲》中，马克思说道："人的依赖关系（起初完全是自然发生的），是最初的社会形式，在这种形式下，人的生产能力只是在狭小的范围内和孤立的地点上发展着。以物的依赖性为基础的人的独立性，是第二大形式，在这种形式下，才形成普遍的社会物质变换、全面的关系、多方面的需要以及全面的能力的体系。建立在个人全面发展和他们共同的、社会的生产能力成为从属于他们的社会财富这一基础上的自由个性，是第三个阶段。"① 这就表明，作为反映直接生产过程中人与人之间在生产资料占有方面经济关系的所有制形式，也有其内在发展规律。直接生产过程中人与人之间在生产资料占有方面的经济关系，会经历由片面到全面的发展过程。与前资本主义社会以人的依赖性为基础的社会相比，生产资料的资本主义私人占有使毫不相干的个人之间形成互相的和全面的依赖，这无疑是更自由的一种社会形态。但阶级统治和阶级压迫仍然存在，资本主义社会仍然是少数人统治多数人的社会形态，这一社会形态客观上将为个人的全面发展，为个人占有全部的社会生产力创造条件。

因此，所有制的内涵包括两个层面的内容：一是直接生产过程中由生产资料占有关系所决定的统治与服从关系，二是人与人之间的关系由狭隘走向全面，自由个性逐渐发展的关系。

（3）分析资本主义经济的社会形态发展的方法论原则

经济的社会形态的理论内涵明确以后，为了能够对揭示特定经济的社会形态的发展规律提供科学的方法论指导，还必须进一步探索马克思分析经济的社会形态特别是资本主义经济的社会形态所遵循的方法论原则。《资本论》阐明了作为丰富整体的资本主义社会的本质、经济规律及其历史局限性。不过，对《资本论》创作史的研究表明，马克思并不是从一开始就直接将资本主义整体作为研究对象的。在《资本论》及其"三大手

---

① 马克思，恩格斯. 马克思恩格斯全集：第三十卷［M］. 北京：人民出版社，1995：107-108.

稿"① 中，马克思曾多次修改并调整了写作计划。对《资本论》结构方案的考察能够为我们揭示出马克思研究资本主义经济的社会形态发展的方法论原则，从而为认识当代数字经济的社会形态的发展趋势和规律提供科学的方法论指导。

在写作《政治经济学批判大纲》和《政治经济学批判》的过程中，马克思将他论述资产阶级经济制度的著作计划分为六册，分别是资本、土地所有制、雇佣劳动、国家、对外贸易、世界市场②。其中资本册又分为四篇，即资本一般、竞争、信用和股份资本。在马克思看来，资本一般是他整个经济学著作"主要的一章"，包含着分析的"精髓"。在这一创作阶段，马克思将以阐述价值和剩余价值创造为核心的"资本一般"部分与包含竞争的资本的现实运动部分进行了严格区分，试图通过阐述价值和剩余价值的核心理论揭示出资本主义社会最本质的经济特征，即生产资料资本主义私人占有的特征。

随着研究的逐渐深入，在写作《1861—1863 年经济学手稿》特别是《剩余价值理论》部分的时候，马克思开始意识到作为资本主义生产方式现实发展在理论上反映的"资本"范畴不能脱离资本的现实运动，要刻画已经发展了的、包含个别资本特殊性的资本主义生产方式，就必须将"资本"作为一个理论上丰富的总体来考察，为此就必须引入资本的现实运动过程，即竞争。在这一创作阶段，马克思已经决定放弃"资本一般"的概念，而改用包含竞争的"资本"概念来揭示资本主义经济的社会形态的运动规律。

在写作《1863—1867 年经济学手稿》的时候，马克思基本上贯彻了前一阶段确定的写作思路，不过在《资本论》第三卷手稿中写下了大量有关

---

① "三大手稿"是指《1857—1858 年经济学手稿》《1861—1863 年经济学手稿》《1863—1867 年经济学手稿》。

② 马克思，恩格斯 . 马克思恩格斯全集：第三十一卷［M］. 北京：人民出版社，1998：411. 在1857—1859 年这一创作阶段，马克思对著作结构进行了多次调整，不过整体上没有偏离"六册计划"及对资本一册的划分方案。

银行、信用和股份资本的内容，其中绝大部分被恩格斯编入了《资本论》第三卷。与一些苏联学者认为手稿中有关银行、信用和股份资本的内容很大一部分不应被编入《资本论》的观点不同，我们认为，这些内容恰好是现实中资本主义生产方式进一步发展在理论上的反映。在 19 世纪 60 年代，英国的银行和信用制度已经有了很大的发展，马克思显然已经认识到信用和股份资本蕴含着扬弃资本主义生产方式的因素，所以才在手稿中写下了与此相关的大量文本，这些文本无疑既是当时英国资本主义生产方式现实发展的理论反映，又为当时还未诞生的社会主义生产方式提供了理论指南。

马克思对《资本论》结构方案的调整表明，要从本质上刻画已经发展的资本主义生产方式，就必须坚持由一般到特殊的方法论原则。为了阐述资本主义生产方式的本质规律，就应当撇开资本特殊和资本个别的因素，专注于研究资本一般。不过，已经发展的资本主义生产方式本身就是一个包含众多特殊性的丰富总体，其本质特征显然无法通过仅包含生产资本运动规律的资本一般来刻画，必须同时描述商业资本、借贷资本和地租，因此，"资本一般"概念本身也需要由一般向特殊转变，这实际上是"资本一般"概念由抽象"资本一般"上升到具体"资本一般"的过程。马克思在深入探索资本主义经济的社会形态发展过程时历经十余年才最终确定的从一般到特殊、从抽象到具体的研究方法为我们分析数字经济的社会形态发展趋势和规律提供了重要的方法论指南。

3.1.3　联系经济形态与经济的社会形态的中介环节

（1）劳动过程是联系经济形态与经济的社会形态的中介

经济形态属于生产力的范畴，经济的社会形态属于生产关系的范畴，在《政治经济学批判》序言中，马克思指出了经济形态与经济的社会形态之间的相互关系：一方面，"社会的物质生产力发展到一定阶段，便同它们一直在其中运动的现存生产关系或财产关系（这只是生产关系的法律用于）发生矛盾。于是这些关系便由生产力的发展形式变成生产力的桎梏。那时社会革命的时代就到来了"。另一方面，"无论哪一种社会形态，在它所能容纳的全部生产力发挥出来以前，是决不会灭亡的；而新的更高的生产关系，在它的物质存在条件在旧社会的胎胞里成熟以前，是决不会出现的"①。这就表明，经济形态的演进能够推动经济的社会形态的变革，而一定的经济的社会形态能够促进或阻碍经济形态的发展。然而，经济形态与经济的社会形态之间这种相互作用是如何实现的呢？特别是当我们必须深入考察某一具体的经济形态和经济的社会形态之间的互动关系时，应当从何处着手展开分析呢？这就需要进一步探索联系经济形态与经济的社会形态的中介环节。

在《资本论》第一卷法文版第七章考察使用价值的生产的最后，马克思提出："劳动过程，就我们在上面把它分析为它的简单的、抽象的要素来说，是以生产使用价值、使外在物适合于需要为目的的活动，是人和自然之间的物质变换的一般条件，是人类生活的自然必然性，因此与它的任何社会形式无关，倒不如说是一切社会形式所共有的"②。在引入资本和雇佣劳动关系以后，马克思又指出，"劳动过程，就它是资本家消费劳动力的过程来说，显示出两个特殊现象"：一是"工人在资本家的监督下劳动，他的劳动属于资本家"；二是"产品是资本家的所有物，而不是直接生产者即劳动者的所有物"③。因此，在马克思看来，劳动过程就是联系经济形态与经济的社会形态的中介环节④。于是，劳动过程就具有了技术形式和

① 马克思，恩格斯.马克思恩格斯全集：第三十一卷［M］.北京：人民出版社，1998：412-413.
② 马克思，恩格斯.马克思恩格斯全集：第四十三卷［M］.北京：人民出版社，2016：186.
③ 马克思，恩格斯.马克思恩格斯全集：第四十三卷［M］.北京：人民出版社，2016：187.
④ 值得注意的是，在目前通行的《资本论》第一卷德文第四版中，劳动过程仅指使用价值的生产过程，没有涉及生产关系。然而，在马克思生前最后校订过的《资本论》第一卷法文版中，"劳动过程"本身没有再作为标题出现，而是用"使用价值的生产"加以代替，应当说这是一处重大修正，反映了马克思已经明确将劳动过程看作是物质生产过程和所有制关系的统一体。

社会形式两层含义：一方面，劳动过程的技术形式刻画了人与自然之间的物质变换关系，属于生产力的范畴，表现一定经济形态的特征；另一方面，劳动过程的社会形式刻画了劳动者与劳动者之间在生产资料所有制方面的关系，属于生产关系的范畴，表现一定经济的社会形态的特征。经济形态与经济的社会形态之间的互动关系就是借助于劳动过程这个中介环节而发生的。经济形态的演进通过作用于劳动过程的技术形式对劳动过程的社会形式，从而对经济的社会形态产生影响；反过来，经济的社会形态的变革通过作用于劳动过程的社会形式又对劳动过程的技术形式产生影响，进而对经济形态产生影响。

（2）生产要素系统的变化是劳动过程演变的动力

因为劳动过程是联系经济形态与经济的社会形态的中介，所以劳动过程的重大演变也就能够反映出经济形态的变化。一种新经济形态的产生必定意味着劳动过程发生了质的改变。那么，劳动过程演变的动力又是什么呢？从技术层面看，劳动过程的核心是采用什么方式对劳动过程进行控制的问题；从社会层面看，劳动过程的核心是由谁掌握对劳动过程控制权的问题。然而，这两个问题又是通过生产要素系统相互影响的[①]。在分工还没有消亡的时代，劳动过程中的异化现象还无法得到消除，因而任何劳动过程都必须解决如何进行有效控制的问题，当既定的生产要素组合无法在技术上提供更好的解决手段时，对劳动过程控制权的安排就成了确保劳动过程有效进行的必要制度手段。对劳动过程控制权的安排实质上就是所有制形式在劳动过程中的表现，而在特定的所有制形式下，不断增强的对劳

---

① 需要特别注意的是，在马克思的著作文本中出现的"生产要素"并不是西方经济学意义上那种已经内在包含资本主义生产关系的生产要素，而是指随着时代的进步而动态变化的生产力要素。这从马克思亲自校订的《资本论》第一卷法文版中的相关表述可以得到证实。谈到生产要素时，马克思对"要素"一词使用的是偏重于自然科学意义上的"éléments"，而没有使用西方经济学讲生产要素时使用的"facteurs"一词。在马克思其他著作的法文译本（大多由精通德文、法文、英文的法国学者吕贝尔翻译）中，对生产要素的完整表述都是"aspects essentiels de production"（可译为生产的必要条件），也没有使用"facteurs de production"。由此可以证明，马克思是从生产力的角度使用"生产要素"这一术语的。我国著名的马克思主义经济学家卫兴华教授也持有类似的观点，参见：卫兴华. 马克思的生产力理论超越了西方经济学［N］. 人民日报，2017-04-10（理论版）。

动过程控制的需要又带动了社会生产力特别是科学技术的发展，进而导致新的生产要素出现并加入生产要素体系，这就为在技术上实现对劳动过程更有效的控制提供了必要的条件。因此，生产要素系统的变化就是劳动过程演变的动力。

需要注意的是，在谈到生产要素时，马克思指的实际上是生产力要素，因为马克思始终是从能否在社会财富（使用价值）生产过程中发挥应有作用的层面讨论生产要素的。在马克思看来，生产力本身就是"生产能力及其要素的发展"①。在《资本论》第一卷第五章阐述生产使用价值的一般劳动过程时，马克思首先明确给出了适用于一切社会经济形态的生产力三要素，即"劳动过程的简单要素是：有目的的活动或劳动本身，劳动对象和劳动资料"②。所谓生产力的简单三要素，并不是说生产力仅仅包括三要素，而是指人类社会要从事生产，哪怕是最简单的生产，也必须具备三要素，从而表明三要素是在任何经济时代进行物质资料生产都需要具有的三个最基本的因素。

既然三要素是最简单的生产力要素，那么随着生产力的发展就会有更多的生产力要素加入进来，构成生产力要素的复杂系统。因此，生产力简单三要素并没有试图囊括现代社会的一切生产力要素，而是为新生产力要素的引入留下了足够的空间。实际上，马克思在《资本论》的深入研究中就不断将其他生产力要素加入进来。

在讨论协作问题时，马克思就指出，"通过协作提高了个人生产力，而且是创造了一种生产力"③。于是，在社会劳动的情况下，协作也成为一种生产力要素。在分析分工协作的基础上，马克思还研究了管理在促进生产力发展方面的作用，认为"一切规模较大的直接社会劳动或共同劳动，都或多或少地需要指挥……这种管理的职能作为资本的特殊职能取得了特

---

① 马克思，恩格斯. 马克思恩格斯全集：第四十六卷 [M]. 北京：人民出版社，2003：1000.
② 马克思，恩格斯. 马克思恩格斯全集：第四十二卷 [M]. 北京：人民出版社，2016：169.
③ 马克思，恩格斯. 马克思恩格斯全集：第四十二卷 [M]. 北京：人民出版社，2016：332.

殊的性质"①。因此，管理也就成为生产社会化条件下生产力的构成要素。在考察机器大工业时代社会生产力的发展状况时，马克思强调了自然力和科学技术的利用对生产力发展的巨大推动作用。他认为，"大工业把巨大的自然力和自然科学并入生产过程，必然大大提高劳动生产率"②。在《资本论》第三卷讨论级差地租的问题时，马克思以瀑布和矿山为例，详细阐述了自然力在工业上的利用所引起的劳动生产力提高的效应。在《政治经济学批判（1861—1863 年手稿）》中，马克思指出，"生产过程成了科学的应用……科学获得的使命是：成为生产财富的手段，成为致富的手段"③。因此，自然力和科学技术也是生产力的构成要素。

综上所述，马克思的生产要素理论实际上是生产力要素理论，它是多元的、动态的、开放的，随着时代的进步，生产力的构成要素也将不断增加，这必将推动劳动过程和经济形态的演变，逐渐将人从直接劳动过程中解放出来。因此，有新型、关键生产要素加入生产要素系统中是新经济形态产生的重要标志。

3.2　马克思社会经济形态理论的创新与发展

习近平新时代中国特色社会主义经济思想，作为 21 世纪的马克思主义政治经济学，是由以习近平同志为核心的党中央创造性提出的一系列新理念、新思想、新战略构成的完整理论体系，其中包含了关于数字经济的重要理论。习近平总书记继承了马克思社会经济形态理论的基本原理和方法，结合我国经济发展的实际和时代发展的新特征，创造性地提出了中国特色数字经济形态理论，推进了马克思社会经济形态理论的中国化时代

---

① 马克思，恩格斯. 马克思恩格斯全集：第四十二卷［M］. 北京：人民出版社，2016：337.
② 马克思，恩格斯. 马克思恩格斯全集：第四十二卷［M］. 北京：人民出版社，2016：397.
③ 马克思，恩格斯. 马克思恩格斯文集：第八卷［M］. 北京：人民出版社，2009：357.

化。本书从数字经济形态的视角对习近平总书记关于数字经济的重要理论进行阐释，揭示习近平新时代中国特色社会主义经济思想对马克思社会经济形态理论的创新和发展，为研究数字经济发展问题提供理论基础和指导思想。

3.2.1 数字经济是一种全新的经济形态

在十九届中央政治局第三十四次集体学习时，习近平总书记指出，"长期以来，我一直重视发展数字技术、数字经济。2000 年我在福建工作期间就提出建设'数字福建'，2003 年在浙江工作期间又提出建设'数字浙江'。党的十八大以来，我多次强调要发展数字经济"[①]。党中央和国务院也高度重视发展数字经济，将其上升为国家战略，先后出台了《数字经济发展战略纲要》《"十四五"数字经济发展规划》《"十四五"大数据产业发展规划》等一系列纲领性文件，从国家层面部署推动数字经济发展，并明确提出，"数字经济是继农业经济、工业经济之后的主要经济形态"[②]。

将数字经济作为一种全新的经济形态，是我们党对经济形态演进趋势做出的科学判断，是对马克思经济形态理论的继承和发展。根据马克思的经济形态理论，经济形态演进的根本标志是劳动过程的技术形式的发展，而劳动过程的技术形式的发展又依赖于生产要素体系的发展，依赖于是否有新型生产要素加入原有的生产要素体系中。因此，数字经济之所以能够成为继农业经济、工业经济之后全新的经济形态，主要表现在以下方面：

（1）数据已经成为新型、关键生产要素

早在 2013 年新一代数字技术刚刚兴起时，习近平总书记就认识到了数据蕴含的巨大价值和潜力，并在视察中国科学院时指出："浩瀚的数据海洋就如同工业社会的石油资源，蕴含着巨大生产力和商机，谁掌握了大

---

① 习近平. 不断做强做优做大我国数字经济 [J]. 求是，2022（2）：4-8.
② 参见《"十四五"数字经济发展规划》，2022 年 1 月 12 日。

数据技术，谁就掌握了发展的资源和主动权。"① 明确提出了数据是经济发展的关键资源或核心资源。

随着数字经济的快速发展，就需要对数字经济做出准确的定义。2016年9月，在二十国集团（G20）领导人第十一次峰会上，习近平主席力主推动并倡导发布的《二十国集团数字经济发展与合作倡议》对"数字经济"这一概念进行了权威的界定，认为"数字经济"是以使用数字化的知识和信息作为关键生产要素、以现代信息网络作为重要载体、以信息通信技术的有效使用作为效率提升和经济结构优化的重要推动力的一系列经济活动②。对数字经济的这一界定，明确将数据的性质由关键资源上升为关键生产要素，与农业经济中的土地、工业经济中的机器体系等关键生产要素区别开来。

随着我国数字经济迅猛发展，数据资源呈几何级数增长，数据产权逐渐明晰，国家和地方多个数据中心及数据交易所先后成立，数据在社会经济生活中的作用日益突出，习近平总书记也将数据放在了更为重要的位置上。2017年12月，在十九届中央政治局第二次集体学习时，习近平总书记指出，"要构建以数据为关键要素的数字经济"③，从而将数据看作是发展数字经济的关键要素，对发展数字经济具有基础资源作用和创新引擎作用。

随着我国开启社会主义现代化建设新征程，特别是世界各国纷纷制定数字经济发展战略规划，抢占世界数字经济发展制高点，发展数字经济成为我国现代化建设的关键支撑。2021年10月，在十九届中央政治局第三十四次集体学习时，习近平总书记进一步强调，"数字经济发展速度之快、辐射范围之广、影响程度之深前所未有，正在成为重组全球要素资源、重

---

① 中共中央党史和文献研究院. 习近平关于科技创新论述摘编 [M]. 北京：中央文献出版社，2020：73.
② 参见《二十国集团数字经济发展与合作倡议》，2016年9月29日。
③ 中共中央党史和文献研究院. 习近平关于网络强国论述摘编 [M]. 北京：中央文献出版社，2021：134.

塑全球经济结构、改变全球竞争格局的关键力量。数据作为新型生产要素，对传统生产方式变革具有重大影响"①。这就进一步将数据看作是最具新时代特征的新型、关键生产要素，从而将数据要素的性质和地位提升到了新的高度。

综上所述，从作为生产力要素的资源到成为新型、关键生产要素，习近平总书记对数据的认识也是不断深化的，这不仅与马克思的经济形态理论和生产要素理论相一致，更充分反映了习近平总书记对全球经济发展态势以及数字经济发展趋势和规律的准确把握。在新一代数字技术加速发展和持续迭代的基础上，数据第一次摆脱了对劳动力、资本等其他生产要素的依附和从属地位，开始作为独立的生产要素登上历史舞台。数据成为关键生产要素是对人类社会发展规律的深刻洞察，是新时代中国特色社会主义政治经济学的重要理论成果。

（2）劳动过程的技术形式向数字化、智能化演进

习近平总书记特别关注大数据、人工智能、移动互联网等新一代数字技术对劳动过程的影响。在十九届中央政治局第九次集体学习时，习近平总书记指出："当前，人工智能已经突破了从'不能用、不好用'到'可以用'的技术拐点，进入了爆发式增长的时期。要围绕建设现代化经济体系，以供给侧结构性改革为主线，把握数字化、网络化、智能化融合发展契机，在质量变革、效率变革、动力变革中发挥人工智能的作用，提高全要素生产率。要培育具有重大引领带动作用的人工智能企业和产业，构建数据驱动、人机协同、跨界融合、共创分享的智能经济形态。"② 在谈到5G技术时，习近平总书记强调："5G与工业互联网的融合将加速数字中国、智慧社会建设，加速中国新型工业化进程，为中国经济发展注入新动

---

① 习近平.不断做强做优做大我国数字经济［J］.求是：2022（2）：4-8.
② 中共中央党史和文献研究院.习近平关于网络强国论述摘编［M］.北京：中央文献出版社，2021：140.

能。"① 在谈到新一代数字技术融合发展时习近平总书记进一步强调："在移动互联网、大数据、超级计算、传感网、脑科学等新理论新技术的驱动下，加上经济社会发展对信息技术的需求旺盛，人工智能加速发展，呈现出深度学习、跨界融合、人机协同、群智开放、自主操控等新特征，正在对经济发展、社会进步、国际政治经济格局等方面产生重大而深远的影响。"②

以上论述充分体现了习近平总书记对数字时代劳动过程的技术形式演变趋势的深刻洞察。传统机器体系对劳动过程的控制并不完备，很多需要综合各种外界信息做出决策和判断的活动都必须由人来完成。然而，人本身处理信息的能力又是很有限的。苏联控制论专家列尔涅尔曾经说过："如果人类操作者在复杂的工作条件下，加上还要接收信号，对控制器官产生作用，这时要实现令人满意的信息加工，信息流就必须不超过每秒6比特。如果信息流加大，输入信息的损失就迅速上升。操作者将不再察觉信息了，因为信息已超出了它的最大通过容量，这将在对所收到的信号作反应时造成更多的错误和延迟。"③ 因此，在传统机器体系下，作为复杂信息接收和处理中枢的人本身在劳动过程中的注意力仍然很难持续保持。与工业经济相比，人工智能的快速发展和应用为识别复杂信息提供了光明的前景，促使劳动过程的技术形式逐渐向数字化、智能化演进。正是出于这种考虑，习近平总书记指出，要"推动人工智能在人们日常工作、学习、生活中的深度运用，形成无时不有、无处不在的智能化环境，不断提升人们的工作效率、学习效率、生活质量，创造更加智能的工作方式和生活方式"④。

---

① 中共中央党史和文献研究院．习近平关于网络强国论述摘编［M］．北京：中央文献出版社，2021：30.

② 中共中央党史和文献研究院．习近平关于网络强国论述摘编［M］．北京：中央文献出版社，2021：119.

③ 列尔涅尔．控制论基础［M］．北京：科学出版社，1980：308.

④ 中共中央党史和文献研究院．习近平关于网络强国论述摘编［M］．北京：中央文献出版社，2021：26.

（3）数字经济已经展现出对经济发展的巨大推动力

习近平总书记指出："近年来，互联网、大数据、云计算、人工智能、区块链等技术加速创新，日益融入经济社会发展各领域全过程，各国竞相制定数字经济发展战略、出台鼓励政策，数字经济发展速度之快，辐射范围之广、影响程度之深前所未有，正在成为重组全球要素资源、重塑全球经济结构、改变全球竞争格局的关键力量。"[①] 2012—2022 年，我国数字经济增加值的规模从 11 万亿元迅速提高到 54 万亿元，稳居世界第二数字经济大国，数字经济增加值占 GDP 的比重也由 21.6%提高到 45%，保持了年均 10%以上的高增长速度[②]。目前我国的数字经济已经广泛渗透到国民经济的各个领域，成为推动经济发展的强大动力。

习近平总书记在十九届中央政治局第三十四次集体学习时深刻指出了数字经济推动我国经济高质量发展的实现机制：一是有利于推动构建新发展格局。构建新发展格局的关键，就是以供给侧结构性改革为主线，穿透循环堵点，消除瓶颈制约，增加就业和收入，创造需求能力。发展数字经济，就可以通过发展战略性新兴产业和改造传统产业加快产业结构优化升级，推进供给侧结构性改革，实现供求在更高水平上的动态平衡。二是有利于推动建设现代化经济体系。习近平总书记多次强调，要"构建以数据为关键生产要素的数字经济，推动实体经济和数字经济融合发展"[③]。这就是要求通过发展数字经济为实体经济赋能，加快推进实体经济的现代化，显著增强我国经济的质量优势。三是有利于推动构筑国家竞争新优势。我国是人口众多的发展中大国，也是全世界唯一拥有联合国产业分类中所列全部工业门类的国家，因而发展数字经济，必然带来数据的爆发式增长，形成海量数据优势，发挥好数据要素优势，就可以为我国经济社会数字化发展带来强劲动力。同时，以数字技术为代表的新一轮科技革命的快速发

---

① 习近平. 不断做强做优做大我国数字经济 [J]. 求是，2022（2）：4-8.
② 中国信通院：《全球数字经济白皮书（2023 年）》。
③ 中共中央党史和文献研究院. 习近平关于网络强国论述摘编 [M]. 北京：中央文献出版社，2021：134.

展，要求进入世界创新型国家前列，就必须自主掌握数字关键核心技术，而发挥海量数据优势和丰富的应用场景优势，有助于加快我国数字技术的自主创新，为经济高质量发展提供强大的技术支撑。

3.2.2　中国特色数字经济为发展数字经济提供了"中国理念"

习近平总书记指出："中共十九大制定了新时代中国特色社会主义的行动纲领和发展蓝图，提出要建设网络强国、数字中国、智慧社会，推动互联网、大数据、人工智能和实体经济深度融合，发展数字经济、共享经济，培育新增长点、形成新动能。中国数字经济发展将进入快车道。"[①] 这就明确了数字经济在社会形态方面的社会主义属性，我国发展的是中国特色社会主义数字经济。在谈到我国网信事业取得的历史性成就时，习近平总书记指出："网络空间国际话语权和影响力显著提升，高举网络主权大旗，推动构建网络空间命运共同体，积极参与全球互联网治理进程，创设并成功举办世界互联网大会，中国理念、中国主张、中国方案赢得越来越多认同和支持。"[②] 这表明中国特色数字经济为世界各国发展数字经济提供了新的理念和道路选择。

中国特色数字经济是对马克思经济的社会形态理论的中国化、时代化创新。根据马克思经济的社会形态理论，一种全新的经济形态必定要在一定的所有制形式基础上展开，不同的所有制形式表明了社会性质的根本差异，从而将经济的社会形态区别开来。与数字经济在资本主义社会中的发展和应用不同，中国特色数字经济具有明确的社会主义特征，主要表现在以下方面：

（1）旗帜鲜明地宣扬社会主义性质

在全国宣传思想工作会议上，习近平总书记指出："西方反华势力一

---

① 中共中央党史和文献研究院．习近平关于网络强国论述摘编［M］．北京：中央文献出版社，2021：39.

② 中共中央党史和文献研究院．习近平关于网络强国论述摘编［M］．北京：中央文献出版社，2021：9.

直妄图利用互联网'扳倒中国',多年前有西方政要就声称'有了互联网,对付中国就有了办法','社会主义国家投入西方怀抱,将从互联网开始'。从美国的'棱镜'、'X-关键得分'等监控计划看,他们的互联网活动能量和规模远远超出了世人想象。在互联网这个战场上,我们能否顶得住、打得赢,直接关系我国意识形态安全和政权安全。"① 这就表明,互联网、数字经济在资本主义国家的应用和发展绝不是自由、开放、公平、公正的,而是始终服务于维护资本主义统治秩序的需要。因此,习近平总书记特别强调,"我们是中国共产党领导的社会主义国家,为什么不可以说中国共产党的领导、说社会主义制度,为什么不可以发声!越是有人要压制正面舆论的声音,我们越是要发声。邪不压正,网上正面声音强大了,就可以减少负面舆论的影响"②。

数字经济作为一种全新的经济形态属于生产力的范畴,不仅能够在资本主义国家发展,而且能够在社会主义国家发展。但是,数字经济在不同所有制形式中的发展必然表现出经济的社会形态的根本特征。当前,数字经济在资本主义社会的发展已经导致了全景式监控、个人隐私泄露、工作稳定性降低、全球不平等加剧等一系列严重的社会经济问题。自数字经济发展伊始,我国就旗帜鲜明地宣扬社会主义性质,充分表明了中国特色数字经济是社会主义数字经济,而不是其他什么数字经济。

（2）坚持以人民为中心的发展思想和新发展理念

党领导人民进行社会主义现代化建设的根本目的就是要通过发展社会生产力,不断提高人民物质文化生活水平,促进人的全面发展。习近平总书记强调:"网信事业要发展,必须贯彻以人民为中心的发展思想。这是党的十八届五中全会提出的一个重要观点。要适应人民期待和需求,加快信息化服务普及,降低应用成本,为老百姓提供用得上、用得起、用得好

① 中共中央党史和文献研究院. 习近平关于网络强国论述摘编 [M]. 北京:中央文献出版社, 2021:50-51.
② 中共中央党史和文献研究院. 习近平关于网络强国论述摘编 [M]. 北京:中央文献出版社, 2021:49.

的信息服务，让亿万人民在共享互联网发展成果上有更多获得感。"① 在十九届中央政治局第二次集体学习时，习近平总书记进一步强调，"要运用大数据促进保障和改善民生"。为了使"数字红利"惠及亿万人民，要推进"'互联网+教育'、'互联网+医疗'、'互联网+文化'等，让百姓少跑腿、数据多跑路，不断提升公共服务均等化、普惠化、便捷化水平"②。在谈到发展数字经济的过程中如何发挥人民群众的积极性、主动性、创造性和主人翁意识的时候，习近平总书记指出："通过互联网就'十四五'规划编制向全社会征求意见和建议，在我国五年规划编制史上是第一次。这次活动效果很好，社会参与度很高，提出了许多建设性的意见和建议。有关部门要及时梳理分析、认真吸收。广大人民群众提出的意见和建议广泛而具体，充分表达了对美好生活的新期盼。"③ 这充分表明了我国发展数字经济始终以人民对美好生活的向往为目标，以增进人民福祉为出发点和落脚点。

理念是行动的先导，一定的发展实践都是由一定的发展理念来引领的。习近平总书记指出，"加快数字中国建设，就是要适应我国发展新的历史方位，全面贯彻新发展理念"④，"网信事业代表着新的生产力、新的发展方向，应该也能够在践行新发展理念上先行一步"⑤。新发展理念系统回答了我国发展的目的、动力、方式、路径等一系列理论和实践问题，是发展思路、发展方向、发展着力点的集中体现，在新发展理念的指引下，我国发展数字经济要"积极推进数字产业化、产业数字化，引导数字经济

---

① 中共中央党史和文献研究院．习近平关于网络强国论述摘编［M］．北京：中央文献出版社，2021：18.

② 中共中央党史和文献研究院．习近平关于网络强国论述摘编［M］．北京：中央文献出版社，2021：22-23.

③ 中共中央党史和文献研究院．习近平关于网络强国论述摘编［M］．北京：中央文献出版社，2021：30.

④ 中共中央党史和文献研究院．习近平关于网络强国论述摘编［M］．北京：中央文献出版社，2021：46.

⑤ 中共中央党史和文献研究院．习近平关于网络强国论述摘编［M］．北京：中央文献出版社，2021：130.

和实体经济深度融合，推动经济高质量发展"①。具体来说，发展数字经济要以数字基础设施建设为基础，以核心技术自立自强为关键，以数字产业化为引领，以产业数字化为核心，以数字产业集群为支柱，以治理体系和治理能力现代化为保障。

（3）将改革作为促进数字经济发展的根本动力

改革是社会主义制度的自我完善，是推动社会主义发展的直接动力。数字经济作为重组全球要素资源、重塑全球经济结构、改变全球竞争格局的关键力量，毫无疑问代表着新质生产力，而要实现新质生产力的发展就必须改变不适应生产力发展趋势的原有体制机制。在二十届中央政治局第十一次集体学习时，习近平总书记指出："发展新质生产力，必须进一步全面深化改革，形成与之相适应的新型生产关系。要深化经济体制、科技体制等改革，着力打通束缚新质生产力发展的堵点卡点，建立高标准市场体系，创新生产要素配置方式，让各类先进优质生产要素向发展新质生产力顺畅流动。"② 在谈到数字经济发展过程中出现的垄断、滥用市场支配地位等现象时，习近平总书记指出，"要健全市场准入制度、公平竞争审查制度、公平竞争监管制度，建立全方位、多层次、立体化监管体系"，还要"防止平台垄断和资本无序扩张，依法查处垄断和不正当竞争行为"③。在谈到加速推进信息领域核心技术突破的问题时，习近平总书记指出，要"改革科技研发投入产出机制和科研成果转化机制"，探索"更加紧密的资本型协作机制"，还要发挥"社会主义制度优势"，健全"新型举国体制"。在谈到促进互联网时代社会治理模式转变的问题时，习近平总书记指出，要"以数据集中和共享为途径，建设全国一体化的国家大数据中心，推进技术融合、业务融合、数据融合，实现跨层级、跨地域、跨系

---

① 《习近平向 2019 年中国国际数字经济博览会致贺信》，《光明日报》2019 年 10 月 12 日。
② 参见《习近平在中共中央政治局第十一次集体学习时强调：加快发展新质生产力 扎实推进高质量发展》，2024 年 2 月 1 日。
③ 习近平. 不断做强做优做大我国数字经济［J］. 求是：2022（2）：4-8.

统、跨部门、跨业务的协同管理和服务"①。

以上论述表明，我国在发展数字经济的过程中始终将改革传统体制机制，构建与新质生产力相适应的生产关系作为推动中国特色数字经济发展的根本动力，这充分彰显了社会主义制度自我发展、完善的优势，是马克思经济的社会形态理论的中国化、时代化创新。

① 中共中央党史和文献研究院. 习近平关于网络强国论述摘编 [M]. 北京：中央文献出版社，2021：21.

4 数字经济发展的一般理论分析框架

中国特色数字经济形态理论，是习近平新时代中国特色社会主义经济思想的重要理论创新成果，为了从学理上对数字经济形态进行系统阐释，揭示数字经济发展的趋势和规律，本章以马克思主义社会经济形态理论为指导，紧密结合数字经济发展的基本特征及中国数字经济发展的实践需要，从数据资源要素化、数据要素资本化、数字资本产业化、数字产业集群化、数字经济发展的中国特色五个层面构建数字经济发展的一般理论分析框架①。

4.1 数字经济发展一般理论分析框架的方法论依据

从学理上系统阐述数字经济形态理论，揭示数字经济发展的趋势和规律，需要以科学的方法论为指导。本书第 3 章已经归纳了马克思在系统考察资本主义经济的社会形态发展规律时所使用的方法论原则。这种从一般到特殊、从抽象到具体的方法论原则对于我们考察特定经济的社会形态之下数字经济发展规律有着重要的指导作用。例如，当具体分析资本主义社会或社会主义社会中数字经济发展规律时，我们需要按照从一般到特殊的

---

① 这个分析框架是"一般"的主要有两层含义：一是对数字经济发展规律的揭示仅限于与生产关系基本结构相关的一般规律，没有涉及特殊和个别的规律，尽管我们对一般规律的考察实际上既包含抽象一般规律也包含具体一般规律。这个考察范围类似于马克思的《资本论》在包含"六册计划"的整部著作中为自己限定的范围。二是对数字经济发展规律的研究既包括资本主义社会也包括社会主义社会，因而具有内在的普遍性和一般性。

方法论原则，从最抽象的生产关系，即所有制关系对作为经济形态的数字经济的渗透出发，逐步过渡到包含特殊生产关系的生产关系丰富总体在数字经济以及国民经济中的全面展开。然而，现实中的困难在于，数字经济作为一种全新的经济形态首先是在发达资本主义国家兴起的，它既能在资本主义社会发展，也能在社会主义社会发展，这两种经济的社会形态中数字经济发展规律显然是存在区别的。那么，数字经济在这两种社会制度下呈现出的不同发展规律如何能够符合逻辑地被整合到一般的理论分析框架下，就需要我们首先从方法论层面作出回答。

4.1.1　唯物辩证法

唯物辩证法是马克思主义经济学的根本方法论，《资本论》是将唯物辩证法应用于资本主义基本经济结构分析的典范，为我们构建数字经济发展的一般理论分析框架提供了科学的方法论指导。

资产阶级政治经济学在方法论上最大的缺陷就是非辩证的。在考察资本主义经济发展问题时，资产阶级学者总是有意或无意地将资本主义看作是永恒存在的制度，因此就无法探讨资本主义产生、发展、灭亡的总过程。与资产阶级政治经济学相反，由于有了唯物辩证法的科学指导，马克思不是把资本主义生产方式看作永恒的，而是看作历史上过渡性的，《资本论》以"政治经济学批判"作为副标题就充分表明了马克思著作的辩证特征。《资本论》毫无疑问是对资产阶级政治经济学体系的批判，不过也并非像《剩余价值理论》那样主要是一部论战性的著作。《资本论》是在对资本主义生产方式进行系统论述的同时通过论述对资本主义生产方式以及资产阶级政治经济学体系①进行的批判。因此，《资本论》实际上是关于资本主义社会的马克思主义政治经济学。在谈到《资本论》中应用的辩证法时，马克思明确指出："辩证法在对现存事物的肯定的理解中同时包含

---

① 在马克思看来，资产阶级政治经济学体系不过是资本主义生产方式在理论上的反映。

对现存事物的否定的理解，即对现存事物的必然灭亡的理解；辩证法对每一种既成的形式都是从不断的运动中，因而也是从它的暂时性方面去理解；辩证法不崇拜任何东西，按其本质来说，它是批判的和革命的。"①

因此，唯物辩证法为我们构建数字经济发展的一般理论分析框架提供了方法论依据。《资本论》系统研究了 19 世纪机器大工业时代英国资本主义生产方式的基本体系，在数字经济成为一种全新经济形态的当今时代，这一体系应得到进一步完善。我们首先需要按照马克思的分析思路，研究数字经济的生产力特征，明确作为一种经济形态的数字经济兴起的生产力条件。其次，遵循从一般到特殊的原则系统阐释资本主义生产关系在数字经济领域发展的全过程，揭示数字经济在资本主义社会发展的一般趋势和规律及其社会经济影响，这实际上是马克思的《政治经济学批判》在数字经济时代的延续。最后，立足中国特色社会主义经济制度，批判地利用数字经济在资本主义社会的发展规律，分析数字经济发展的"中国特色"，进而得出中国特色社会主义制度下数字经济发展所需要遵循的基本原则，以便为我国发展数字经济、打造具有国际竞争力的数字产业集群提供科学的理论指导，这就实现了对数字经济《政治经济学批判》的"批判"。

4.1.2 科学抽象法

唯物辩证法在特定经济的社会形态分析中的具体运用表现为科学抽象法②。在《资本论》第一卷德文第一版序言中，马克思指出，"分析经济形式，既不能用显微镜，也不能用化学试剂。二者都必须用抽象力来代替"③。在《政治经济学批判（1857—1858 年手稿）》中，马克思进一步强调从抽象上升到具体是政治经济学研究的"科学上正确的方法"，并阐

---

① 马克思，恩格斯. 马克思恩格斯全集：第四十四卷 [M]. 北京：人民出版社，2001：22.

② 王琨. 价值转形问题无解吗：基于马克思主义经济学方法论的批判性回顾 [J]. 上海经济研究，2023（5）：50-65.

③ 马克思，恩格斯. 马克思恩格斯全集：第四十二卷 [M]. 北京：人民出版社，2016：14.

明了抽象上升到具体研究方法的原理:"具体之所以具体,因为它是许多规定的综合,因而是多样性的统一。因此它在思维中表现为综合的过程,表现为结果,而不是表现为起点,虽然它是现实的起点,因而也是直观和表象的起点……抽象的规定在思维行程中导致具体的再现。"①

根据从抽象上升到具体的方法,作为经济理论分析出发点的具体,在研究的结果中表现为多样性的统一、许多规定的综合,而最简单、最抽象的范畴在客观现实中又是具体发展的胚芽,因此,从简单到复杂的抽象思维进程,总体来说同现实的历史过程相一致。在我们考察特定经济的社会形态中数字经济发展问题时,必须以科学抽象法为指导。例如,分析数字经济在资本主义社会中的发展,应当首先考察资本主义社会最根本、最抽象的生产关系,即生产资料资本主义私人占有关系向数字经济领域的渗透,然后在此基础上系统考察资本主义分配关系和交换关系在数字经济领域的发展。这样,资本主义制度下数字经济的发展就表现为一个从抽象到具体逐步展开的总体了。

4.2 数字经济发展一般理论分析框架的主线和结构

本节以马克思主义科学的方法论为指导,基于马克思主义社会经济形态理论,从主线和结构两个方面勾勒出数字经济发展的一般理论分析框架,下一节将对该理论分析框架进行具体阐述。

4.2.1 一般理论分析框架的主线

数字经济的发展是在特定的生产力基础上,由低级形态向高级形态不断演进的过程。作为一种经济形态的数字经济,本身就代表先进生产力,

---

① 马克思,恩格斯. 马克思恩格斯全集:第三十卷 [M]. 北京:人民出版社,1997:42.

能够在不同的经济的社会形态中发展。然而，不同的经济的社会形态在数字经济提供的生产力基础上又必然展现出与特定生产关系相符合的不同的发展规律。因此，数字经济的社会形态的基本发展规律，就是一般理论分析框架的主线。数字经济发展的一般理论分析框架，就是要揭示出数字经济在资本主义社会和社会主义社会中的基本发展规律。

一方面，数字经济作为一种经济形态首先产生于资本主义社会，是资本主义生产社会化程度不断提高的结果。在这种先进生产力的基础上，资本主义生产关系又会在原有基础上进一步发展，表现为资本关系在数字经济和整个国民经济领域从一般到特殊的运动过程。因此，数字经济在资本主义社会的基本发展规律就是资本关系在数字经济形态下的基本运动规律。

另一方面，社会化大生产与生产资料资本主义私人占有之间是存在矛盾的。数字经济作为生产社会化程度不断提高的产物本身必然要求更高的社会化水平，这就意味着数字经济在资本主义社会的发展必定存在极限，资本主义生产关系不可能永远支撑数字经济发展下去。然而，与社会化大生产相适应的社会主义制度，尤其是中国特色社会主义经济制度为数字经济的持续、健康发展提供了可能。中国特色社会主义经济制度在所有制形式和结构、收入分配制度、市场经济体制等方面都表现出了明显不同于资本主义的特征。因此，数字经济在社会主义社会的发展也必然具有不同于资本主义社会的原则和要求，并呈现出与中国特色社会主义经济制度相适应的基本运动规律，这些规律是对数字经济在资本主义社会基本发展规律的扬弃。

4.2.2　一般理论分析框架的结构

以数字经济的社会形态的基本发展规律为主线，数字经济发展的一般理论分析框架的结构如图4-1所示。

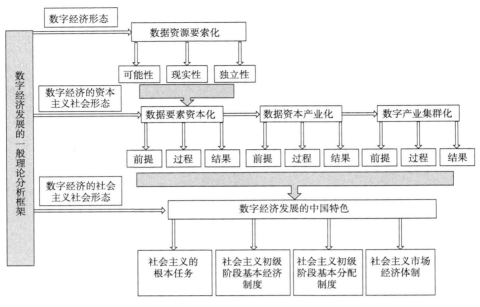

图 4-1　数字经济发展的一般理论分析框架结构图

数字经济发展的一般理论分析框架的结构主要分为三个部分：第一部分从生产力的角度对作为经济形态的数字经济进行考察。根据马克思的经济形态理论，任何经济形态的发展都是在一定的生产力基础上进行的。数字经济要成为一种属于生产力范畴的经济形态就意味着要有新型、关键生产要素加入生产要素系统，从而改变劳动过程的技术形式。因此，数据在满足一定生产力条件的基础上由资源发展成为生产要素就标志着数字经济形态的产生。第二部分从生产关系的角度对建立在数字经济形态这种生产力基础上的经济的社会形态进行考察。由于数字经济最早是在资本主义社会成长并发展起来的，要科学揭示数字经济的发展规律就必须首先研究作为一种经济的社会形态的数字经济在资本主义生产方式下的发展过程。资本关系经过数据要素资本化、数据资本产业化、数字产业集群化三个阶段的演变过程由抽象到具体逐渐展开，最终形成了平台资本这种独立的资本形态并确立了平台资本在资本主义社会的统治地位。平台资本的跨界融合是资本本性和扩张规律的反映，使平台垄断、市场势力、剩余价值的过量吸纳成为资本主义本身难以彻底解决的问题，阻碍了数字经济的进一步发展。第三部分在资本主义社会数字经济发展规律的基础上，考察数字经济发展的中国特色。在作为一种经济的社会形态的数字经济演进的每一阶段，我国的社会主义经济制度都赋予了数字经济以不同于资本关系的中国特色，使数字经济发展具有了不同于资本主义的原则，表现出了中国特色数字经济的发展规律。这些原则既是中国特色数字经济发展的内在要求，同时也是对资本主义数字经济发展规律的积极扬弃。

4.3 数字经济发展一般理论分析框架的内容

本节从数据资源要素化、数据要素资本化、数据资本产业化、数字产业集群化、数字经济发展的中国特色五个方面概述数字经济发展的一般理论分析框架的内容，本书第 5 章至第 9 章将对每部分内容进行具体阐述。

4.3.1 数据资源要素化

根据马克思的社会经济形态理论，社会经济形态是经济形态和经济的社会形态的统一。任何社会经济形态的发展都是在一定的生产力基础上进行的，数字经济作为一种社会经济形态，实现发展的首要环节就是要成为一种属于生产力范畴的经济形态。在马克思主义经济学中，一种全新经济形态产生的根本依据在于是否有新的劳动过程的技术形式出现，而生产要素系统的变动又是推动劳动过程演变的动力，因此是否有新型、关键生产要素加入生产要素系统就成为判断经济形态是否发生变动的重要标志。现实中的财富生产过程所需要的资源多种多样，但并不是每一种资源都能够成为生产要素。某种资源成为生产要素，即资源要素化必须具备三个基本条件：一是可能性，即资源具有促进社会财富生产的潜能；二是现实性，即资源确实能够在社会财富生产中发挥必要的作用；三是独立性，即资源不依附于其他生产要素，一定程度上可以独立发挥促进财富生产的作用。与之相应，当数据满足上述三个基本条件时，数据资源就必然成为新型生产要素加入生产要素系统，这也就标志着数字经济作为一种全新经济形态的产生。数据资源要素化是数字经济发展过程的第一阶段，即数字经济成为一种经济形态的阶段。这一阶段本质上是社会生产力的发展为数据资源作为生产要素发挥作用提供了充分的物质条件，因而也是为数字经济发展奠定生产力基础的阶段。

4.3.2　数据要素资本化

第二次世界大战以后，得益于雷达、火控系统、大型计算机等军事工业技术的发展以及由此推动的集成电路、移动传感器、精密数控机床等民用先进生产资料的产生，发达资本主义国家特别是美国为数字经济发展提供了充分的生产力条件。于是，数字经济最早在发达资本主义国家成长并发展起来。无论从逻辑上还是历史上，要科学揭示数字经济发展规律就必须首先研究作为一种经济的社会形态的数字经济在资本主义生产方式下的发展。在资本主义生产方式的基础上，资本关系逐渐进入到科学管理等以数据为核心生产要素的劳动过程中，使企业的科学管理活动在数字化的同时也资本化了，即资本雇佣劳动关系渗透到以数据为核心生产要素的科学管理当中。与之相应，数据的采集、分析、处理和应用就成为数字时代科学管理的表现形式，这对产业资本循环运动产生了重要影响。早期的产业资本循环运动是在资本家本人的驱使下进行的。而现在，产业资本的整个循环运动越来越依赖于企业的数据分析和应用能力，数据分析和应用部门逐渐支配了产业资本循环运动的全过程。因此，产业资本循环运动过程发生了变化，在原有货币资本、生产资本、商品资本的基础上又增加了数据资本，数据资本发挥着指挥、管理产业资本运行的作用。由于数据资本在产业资本循环运动过程中与生产资本并列，因而本质上并不属于生产环节，只是保持产业资本更有效运行的非生产费用。数据要素资本化是数字经济发展的第二阶段，一方面产生了以更有效管理产业资本运行为核心任务的数据资本，另一方面也塑造了以数据为中心的生产和交换秩序，使崇尚数据统治权力的数据拜物教逐渐形成。

4.3.3 数据资本产业化

数据要素资本化改变了产业资本循环运动的全过程，使数据资本成为与货币资本、生产资本、商品资本并列的职能资本形式。不过，在这一阶段数据资本还没有取得完全意义上的"资本"形态：一方面，从生产关系意义上看，资本雇佣劳动的关系已经渗透到数据的采集、分析、处理和应用领域，数据经营活动已经是在资本关系的支配下运行的，因而数据资本具有资本关系的内容；另一方面，从成本收益意义上看，数据资本还没有被普遍当作能够自动带来收益的资本来对待。由于经营数据资本所需的生产资料和劳动力成本属于生产过程中的非生产费用，在这一阶段单个资本家只是将这些费用看作维持产业资本更有效运行所必不可少的非生产性支出，算作企业总成本的一部分，要在资本家榨取的剩余价值中进行扣除，因此，数据资本还不具有自动带来收益的资本形式。随着社会分工和数据经营领域内部分工的持续演进，数据交易越来越频繁，数据经营的专业化程度越来越高，数据资本就逐渐从产业资本循环运动过程中分离出来，取得了独立的资本形态。由于独立经营数据资本的企业天然采取了数字平台的组织形式，为了更准确地表达这类资本的特征，我们将取得独立形态的数据资本称为平台资本。与数据资本相比，平台资本不仅具有资本关系的内容，在利润率平均化机制的作用下，平台资本也取得了自动带来收益的资本形式。通过在数据经营领域的专业化活动，平台资本一方面深化了社会分工，形成了数字产业，提高了社会劳动生产率；另一方面凭借对社会范围内海量多维数据的掌控成为数字经济时代资本主义发展的主导力量。数据资本产业化是数字经济发展的第三阶段。

4.3.4 数字产业集群化

数字经济发展的第四阶段是数字产业集群化阶段，这是数字经济发展的高级形态。在平台资本形成的初期，其经营范围主要集中在电子信息制造业、电信业、软件和信息技术服务业等数字产业领域。随着接入数字平台的企业越来越多，平台资本就能够凭借对海量数据的掌控向其他领域扩张。通过平台资本与其他类型的资本相融合，逐渐形成了具有强大市场势力的平台垄断资本，不仅经营数据分析、处理和应用业务，也涉足商业、金融业、制造业、农业等传统业务。在平台资本不断集中的过程中，首先在数字产业内部借助大型数字平台形成数字产业虚拟集群，然后根据数字产业未来发展的需要，通过科学布局，数字产业在特定地理空间范围内形成数字产业实体集群，最后通过在虚拟空间和地理空间与传统产业集群相互融合形成完整的数字产业集群。因此，数字产业集群化就是平台资本运动的物质领域跃出数字产业范围向其他传统产业领域拓展的过程。兼具虚拟集群网络效应和实体集群集聚效应的数字产业集群表现出了高创新性、高聚合性、高融通性的典型特征，并成为驱动经济增长的新引擎。然而，平台资本的持续集中和跨界融合也使平台资本成为资本主义社会的统治力量。随着平台资本的活动范围跃出数字产业领域，平台资本的收益也日渐多元化、复杂化，不仅包含平台利润，也包含商业利润、产业利润、利息和地租（空间地租和虚拟地租），还包含正常收益之外凭借市场势力而获得的垄断收益，表现出了多重复合收益的特征。由于这些收益中的大部分都是非生产活动的转移收益，平台资本在强化自身统治地位的同时也使其吸纳社会总剩余价值的能力不断增强，这对数字经济的持续发展产生了显著的阻碍作用。

4.3.5　数字经济发展的中国特色

数字经济在资本主义社会的发展经过数据资源要素化、数据要素资本化、数据资本产业化最终进入到数字产业集群化的高级形态。在每一个发展阶段，资本主义生产关系都对数字经济发展起到了一定的促进作用，但同时也表现出了阻碍数字经济持续发展的一面。随着平台资本统治地位的不断增强，资本主义生产关系对数字经济持续发展的阻碍作用也越来越明显。与之不同的是，在数字经济发展的每一阶段，我国的社会主义经济制度都赋予了数字经济以鲜明的中国特色、时代特色、社会主义特色。

在数据资源要素化这一为数字经济发展提供生产力条件的阶段，我国以"解放生产力，发展生产力"为根本任务，无论是在为数字经济的发展奠定生产力基础方面，还是在享受数字经济生产力发展的成果方面，都应坚持以人民为中心、以创新为支撑、以改革为动力的原则。在数据要素资本化这一确立对数据要素进行资本主义私人占有的阶段，我国公有制为主体、多种所有制经济共同发展的社会主义初级阶段基本经济制度指明了适应数字经济发展的数据要素所有制原则：一是有利于数据要素的流动和扩散；二是有利于数据要素的集中使用；三是有利于价值规律发挥作用。在数据资本产业化这一厘定平台资本收益分配的阶段，我国按劳分配为主体、多种分配方式并存的社会主义初级阶段基本分配制度明确了适应数字经济发展的数据要素收益分配原则：一是有利于激励数据要素参与财富创造；二是有利于提高劳动报酬在收入分配中的比重；三是有利于拓宽居民财产性收入渠道。在数字产业集群化这一平台资本在市场经济体制下不断集中和扩张的阶段，将社会主义基本经济制度与市场经济有机结合的社会主义市场经济体制指明了适应数字经济发展的市场原则：一是有利于打造统一开放的市场体系;二是有利于建立公平竞争的市场秩序。这一系列具有鲜明中国特色的数字经济发展原则既是我国发展数字经济、打造具有国际竞争力的数字产业集群的内在要求,也是对资本主义数字经济发展规律的积极扬弃。

5 数据资源要素化

在马克思主义经济学中,劳动过程的技术形式,特别是对劳动过程进行控制的方式是决定经济形态的根本依据,而生产要素系统的变动又是劳动过程演变的动力。因此,是否有新的生产要素加入生产要素系统就成为判断经济形态变化的重要标志。一种资源要成为生产要素必须能够在社会财富(使用价值)生产过程中发挥应有的作用。然而,财富生产所需要的资源是大量的,但并不是所有的资源都能够进入生产要素的范畴。即便在社会生产力迅速发展的机器大工业时代,被马克思明确列为生产要素的也只有劳动、劳动对象、劳动资料、协作、管理、自然力和科学技术等。因此,成为生产要素必然需要满足一些基本条件。根据本书第 3 章对马克思生产要素理论的梳理,我们能够提炼出某种资源成为生产要素,即资源要素化所必须具备的三个基本条件:一是可能性,即资源具有促进社会财富生产的潜能;二是现实性,即资源确实能够在社会财富生产中发挥必要的作用;三是独立性,即资源不依附于其他生产要素,一定程度上可以独立发挥促进财富生产的作用。于是,当数据满足上述三个基本条件时,数据资源就必然成为新的生产要素加入生产要素系统,这就标志着数字经济作为一种全新经济形态的产生①。

---

① 严格来讲,论述数字经济作为一种全新经济形态的产生还需要阐明新型生产要素对劳动过程的技术形式的影响,即新的生产要素是否从根本上改变了对劳动过程进行控制的方式,从而改变了劳动过程的技术形式。不过,从数字经济发展的实践来看,在分析数据资源要素化的可能性时不可避免地需要考察数据对劳动过程的技术形式的影响。因此,对我们目前的研究需要而言,数据资源成为生产要素就是数字经济作为一种全新经济形态产生的充要条件。

5.1 数据资源要素化的可能性

在考察数据资源要素化的基本条件前必须明确数据资源的含义。数据资源以原始数据为基础。原始数据是经由一系列图文声像等先进传感器设备采集到的不同形式的数字符号。原始数据是人类生产和生活过程的"副产品",本身并非有目的的生产活动的产物。从这个意义上说,原始数据类似于风力、太阳能、瀑布等天然资源,属于大自然的馈赠,因此英国《经济学人》杂志才将原始数据形象地比作"新时代的石油"。这些原始数据在经由专业人员或智能算法的汇总、识别、分类、转换、归档后被转变为格式统一、能够直接进行运算分析的数据资源。这种可以被一般性地用于社会需要的通用数据在提高劳动生产率和促进社会财富生产方面的巨大潜能,就使数据资源具有了成为生产要素的可能性。

5.1.1 数据能够协调社会生产活动

数据可以促进信息在各经济主体之间的沟通与传递,有效协调社会生产活动。在发达的社会分工条件下,任何经济主体都只能掌握与生产、消费、分配、交换直接相关的部分信息。然而,社会化大生产却对个体之间的沟通与协调提出了越来越高的要求。为了解决这一矛盾,市场经济中的绝大多数信息都被"压缩",并通过价格的形式呈现在人们面前,以尽可能协调各经济主体的活动。但是,价格并不是经济信息的完美反映,当信息被"压缩"时,很多细节都被忽略,从而可能诱导人们做出错误的决策,甚至妨碍社会生产的顺利进行。数据为解决海量信息传递和处理问题提供了新的解决方案:一方面,异质、分散、多变的个体信息可以被先进的数据采集和分析设备所捕捉,随后转化为能够被统一加工处理的格式,从而使得传统上以个人经验为基础的信息解读日渐成为确定性的过程；另一方面，数据能够被机器识别和处理，在移动互联网和智能算法的帮助下，可以极大地加快信息传播的速度，提高个体决策的科学性和互补性。因此，数据在方便信息传递的同时为降低处理海量信息流的成本和复杂度、有效协调社会生产过程、规避因有效信息不足造成的资源浪费和经济失衡提供了充分的可能。

5.1.2 数据能够促进技术进步

数据可以显著提高研究与开发活动的效率，因此，其有利于实现持续的技术创新。经济长期持续稳定增长的最终决定因素在于技术创新，而现代社会的技术创新越来越依赖于跨学科、跨领域的协同交叉研究。然而，随着各学科知识的不断细化以及研发专业化程度的持续提高，研究人员所涉足的知识领域日渐狭窄，将现有知识特别是不同学科领域的知识重新组合以产生新的创意也变得越来越困难。传统研发过程面临的一项关键约束就是如何将海量知识库中的知识加以组合，以形成新的创意，以往这项工作通常依赖于研究人员的直觉，无特定规则可循。在世界范围内技术创新速度趋于放缓的背景下，数据为更多新创意的产生提供了可能。一方面，现存的图书、论文、专利、公文、会议纪要、实验记录等海量的知识可以被轻易地转化为数据形式，借助于先进的算法和充足的算力，不同学科领域的知识能够通过低成本的"试错"过程实现创造性重组，不仅有利于节约研发活动的前期准备时间，还为可行的新创意和新构想指明了方向；另一方面，实时更新的数据可以反映出消费者对新产品和新服务的偏好与期待，在为现有知识提供全新应用场景和空间的同时也揭示了未来最具发展前景的利基市场，进一步强化了创新激励。因此，数据能够有效减轻研发活动的前期负担，增强研发人员的工作热情，加快不同学科领域知识重组的速度，为新创意和新构想的产生提供便利。

5.1.3 数据能够改变对劳动过程的控制方式

数据可以推动全面自动化的普及，增强人对生产和再生产过程的控制能力。自工业革命以来，机器的普遍使用便为整个社会生产过程提供了某种程度的自动控制手段，在节省人的体力和脑力劳动的同时显著扩大了生产规模，极大地提高了劳动生产率。然而，传统的机器体系只能实现生产过程的机械化和半自动化，很多需要根据外部环境做出决策、判断的任务，例如系统纠错、大量外部相关信息的搜集和分析以及关键控制装置的制作（凸轮、胶带、打孔纸带）仍然需要由人来执行，这就构成了对自动化和社会生产力进一步提高的内在限制①。为了保证指令被执行的质量，工厂内部还需要实行严格的等级制来弥补机器控制体系的不足，进一步增强对劳动过程的控制能力。不过，便于处理大量信息、提高决策效率的等级制并没有能够彻底解决信息的不对称问题，正是由于机器体系还无法完全实现对劳动过程的控制，企业内部大量非生产活动中指令的执行质量很大程度上仍然取决于从事具体工作的工人在劳动过程中能否长时间保持注意力，这就构成了对组织控制的限制。为了突破技术和组织限制，对劳动过程进行控制的要求又反过来催生了新的生产要素和新的劳动组织形式。

数据则为突破这一限制提供了可能。以比特形式呈现的数据弥补了以模拟数据控制生产过程时必须依赖特定技术流程设定的缺陷，通过将信息以逻辑的形式加以表示并将其转换为电子数据流，可以很容易地将控制和反馈指令以抽象数学语言的形式准确地表示出来，从而能够以模拟人脑思维方式的逻辑运算取代被预先设定的机械运动程序，不仅使控制系统具有了自行纠错和自我"学习"的能力，还大大增强了生产活动的灵活性和适

---

① RAMTIN R. Capitalism and automation [M]. London：Pluto Press，1991：39-44.

应性①。传统上，对于那些尚无法完全实现自动化的生产环节，尽管可以通过制定详细的流程和动作标准对劳动者的行为进行规范，但由于存在信息不对称，仍然无法彻底解决员工的"卸责"问题。随着大数据收集、分析、传输技术的进步，以往无法观测到的经济行为和努力程度也可以借助于无处不在的各种高性能传感器加以全方位、立体化监测，这就使经济活动的"可视化"程度大大提高，进一步增强了组织对无法自动化、尚需人工完成的任务的控制能力。因此，数据在自动控制系统中的应用为社会生产过程的全面自动化勾勒了美好的前景，使人对生产过程的控制能力空前增强。

5.2 数据资源要素化的现实性

数据无疑具有提高社会劳动生产率的巨大潜能，但要使数据在社会财富生产中发挥实际的作用，成为现实的生产要素，还必须存在足以拉动数据投入生产过程的有效需求②，这种需求主要表现在直接需求和派生需求两个方面。

5.2.1 存在对数据的直接需求

随着生产社会化程度的不断提高，增强对机械化、半自动化劳动过程控制的需要直接催生了对数据的需求。生产社会化程度的提高一方面加剧

---

① NOBLE D F. Forces of production: a social history of industrial automation [M]. Oxford: Oxford University Press, 1984: 230-264.

② 在《资本论》第三卷第四十五章讨论绝对地租时，马克思就特别强调了有效需求的重要作用。某些相对贫瘠的土地显然能够促进社会财富的生产，但是在对农产品需求不足时这些土地并不会投入实际生产过程，成为现实的生产要素，而仅仅是可能的生产要素。只有当需求状况足以使得在贫瘠的土地上生产也有利可图时，这些土地才得以真正作为生产要素参与财富的生产。

了企业之间的竞争，另一方面也使各生产单位之间的经济联系日益密切，增加了生产和流通过程的不确定性。然而，机械化、半自动化的生产技术已经不能满足进一步控制劳动过程、持续提高劳动生产率的要求。20 世纪50 至 70 年代广泛运用的劳动过程控制方法主要有内部机械控制和外部"记录-回放"控制两种。前一种控制方法试图在某些特定的操作环节或有限的一组运动上，将机械师的操作技术加入机器，通过凸轮、齿轮、分度装置和序列控制装置在内部实现对机器运行的自动控制。后一种控制方法是将机器运转的动作信息加以记录并贮存在磁带或打孔纸带上，然后通过重新回放自动产生与机器相同的动作，从而生产出符合规格的产品[1]。

尽管这两种方法都能在一定程度上实现自动化，但也存在明显的不足，主要表现在关键工具或部件（如凸轮、胶带和打孔纸带）的制造、设计、装置、检查、维修过程不得不依赖工具设备制造工和各类机械工的技艺及创造性，同时成品的制造与检验也必须依赖操作工的技能发挥。没有熟练的操作工的合作，优质产品的生产就是一句空话。例如，"记录-回放"方式通过存储机器运动指令并将其重复利用实现了对劳动过程的外部技术控制，但最初的动作指令仍然需要由熟练的机械工操作机器来完成。随后，磁带或打孔纸带才可能将机械工操作机器产生的指针运动轨迹记录下来，并将这种连续指令反复投入生产过程，形成半自动控制系统。因此，熟练的机械工的操作技巧、经验和注意力就构成了对控制整体劳动过程的限制。更为严重的是，以"记录-回放"形式存储的是机器的实际运动轨迹，企业所处的产业不同、经营范围不同、机器类型不同，磁带或打孔纸带所记录的连续运动指令也必然不同，这就极大地限制了已存储控制指令的适用范围。此外，与土地、劳动、机器体系等生产要素相比，尽管科学技术具有非竞争性、外溢性、无形性等特征，但作为某种生产函数的科学技术必定是具体的，能够"生产一切"的生产函数只是虚构的幻想，

---

① NOBLE D F. Forces of production：a social history of industrial automation ［M］. Oxford：Oxford University Press，1984：106-143.

在现实中根本不可能存在。因此，科学技术即便是"通用技术"也总是带有一定程度的专用性，这种专用性就构成了工业经济时代对劳动过程进行控制的硬性约束。为了突破这种硬性约束，进一步增强对劳动过程的控制能力，企业便对新生产要素提出了迫切的需求。这种新生产要素必须能够突破生产专用性的限制，同时又应当具备科学技术要素非竞争性、外溢性、无形性的特征，而兼具上述几个特征的新型生产要素就是——数据。

此外，20世纪50至60年代，伴随着电视广告的普及，消费者至上主义已经得到了全面的认同，这就催生了零售企业对于供应商和消费者数据的庞大需求。越来越多的零售企业开始建立自己的数据处理中心，以便通过对购买和销售流程的全面控制，实现压低成本、提高效率、维系客户忠诚度的目的。

5.2.2　存在对数据的派生需求

第二次世界大战以后，在美苏两极格局的背景下，以美国为首的西方发达资本主义国家对新型军工产品的需要引致了对数据的普遍需求。美国政府加大了对军事工业的支持力度，研发高性能喷气式战斗机、轰炸机、雷达、螺旋桨等军火装备对部件加工和控制系统都提出了极高的精度要求，而工业经济时代依托有限数量的熟练工人的模拟数控系统就形成了大规模军火加工的障碍。为此，受政府资助的军事工业科学联合体在加工过程中逐渐采用新的数值控制手段，以离散指令代替连续指令，将机器的实际运动轨迹简化为形式的抽象描述，然后加以编码将其完全转化为内插值替换的数据，从而实现对机器设备、电子部件和军工产品的控制。这两种不同的数值控制方法处理的信息性质有天壤之别。在连续指令的动作方法中，当机械师按照他自己对设计图的解读来操作机器时，蕴藏在他身上的技艺与知识以动作的形式得以自动记录下来，但并没有做出正式的或明确的逻辑表述；而在离散数值控制方法中，所有的解释都由一个"部件程序设计者”来完成。

如果说“记录－回放”系统是生产技术的复制者和扩大者，从而扩展了机械师的能力，那么数值控制系统则是生产技术的抽象合成者，它削弱了机械师的作用，甚至根除了他存在的理由[①]。实际上，离散数值控制系统以逻辑形式的信息取代了运动形式的信息，为将一切信息按照统一的格式转换成数据，为将默示知识转化为明示知识提供了可能[②]。不过，以计算机和互联网为基础的新型数值控制系统最初仅装备于极少数与国家军事部门合作密切的大型企业和科研院所。直到 20 世纪 70 年代以后，主要资本主义国家的宏观经济不景气才加速了个人计算机和互联网由军用领域向民用领域的扩散。在这一过程中，得益于泛在连接过程中明显存在的规模效应、乘数效应、加速数效应，社会对新一代电子信息产品的需求呈几何级数增长，对数据的需求也因此出现了前所未有的增加。

5.3　数据资源要素化的独立性

数据具有提高社会劳动生产率的巨大潜能，又在财富生产过程中实际发挥作用，但只有同时满足独立性条件才能真正成为生产要素。例如，空气毫无疑问是维持动植物生存的必需品，任何财富的生产显然都不能离开空气而进行。于是，空气既具有提高劳动生产力的潜能，又在财富生产中实际发挥作用。但空气本身并不是具有独立性的生产要素，空气在财富生产中作用的发挥依赖于劳动者和其他动植物资源，是作为保证人和自然界再生产的基本条件而存在的。因此，数据要成为生产要素就必须不依附于其他要素，一定程度上能够在生产过程中独立发挥作用。

---

① NOBLE D F. Forces of production：a social history of industrial automation ［M］. Oxford：Oxford University Press，1984：79－105.

② RÉNYI A. Probability Theory ［M］. London：Dover Publications，2007：600.

5.3.1 可以脱离其他生产力要素自行运转

社会生产的总过程有赖于所有生产要素共同发挥作用，但某些具体的生产部门可以依靠特定的生产要素自行运转。得益于先进的智能算法和无处不在、无时不有的自动采集设备，新兴的数字产业主要由数据驱动，并能够带来劳动生产率的巨大提升。例如，亚马逊推出的购物和家居智能声控系统就是用数据驱动数据的典范。以亚马逊自行开发的机器学习算法为基础，智能声控系统 Alexa 首先会对用户的语音、语调、语速等声音特征进行识别，随后，用户的每一次线上购物口令和家居控制指令都能够被自动记录，用以更新现有的庞大"声音数据库"。更新后的数据库凭借自行迭代的匹配算法会自动删除一些冗余的信息，并生成新的可关联语料数据库，以便进一步扩大语音识别的范围，提高对用户指令的接受程度[1]。正是在这种用数据生产数据，依靠对数据的深度挖掘实现自行运转的智能声控行业中，其他生产要素并没有发挥多大的作用，唯一关键的是本身也以数据形式存在的智能学习算法。因此，随着数据日益渗透到社会财富生产的各个部门，一切人类活动的数字化"足迹"都能够被转化为可以统一处理的数据这一事实就已经为数据脱离其他生产要素自行运转提供了可能。

5.3.2 可以替代其他生产要素

一种经济资源如果依附于其他生产要素，必定会与其所依附的要素形成互补关系；与此相应，一种经济资源具有独立性、不依附于其他生产要素的表现便是能够对其他生产要素进行一定程度的替代。数据在参与社会财富生产过程中对劳动、机器设备和专用科学技术等生产要素都实现了某

---

① 娜塔莉·伯格，米雅·奈兹. Amazon：无限扩张的零售帝国［M］. 台北：联经出版事业股份有限公司，2020：213-232.

种程度的替代。如前文所述，机械化、半自动化的劳动过程控制方式不能脱离熟练的技术工人和机械反馈装置而运行。以数据为基础的全自动劳动过程控制方式创造了全新的逻辑运算体系以及信息反馈闭环，从根本上消除了熟练的技术工人和机械反馈装置存在的理由，完成了对熟练劳动和部分机械设备的替代。此外，包含海量的知识和信息，并且能够凭借深度学习算法和增强学习算法自行运转的大数据本身也就意味着能够自动生产新技术的"元技术"对专用性科学技术的替代。

在满足可能性、现实性和独立性条件的基础上，数据资源就成为新型生产要素加入生产要素系统，在社会财富（使用价值）生产过程中发挥了媒介、协调、管理的作用。此外，数据要素也改变了对劳动过程进行控制的方式，推动了全面自动化的普及，为人类脱离直接生产过程提供了可能，这就标志着数字经济作为一种全新经济形态的产生。因此，数据资源要素化实际上是为作为一种经济形态的数字经济的产生提供生产力条件的过程。

6　数据要素资本化

　　上一章从生产力发展的层面详细阐述了数据资源要素化所需要的条件。满足可能性、现实性、独立性条件的数据资源成为生产要素标志着数字经济作为一种全新经济形态的产生。在此基础上，本章依托数字经济发展的一般理论分析框架对作为经济的社会形态的数字经济在资本主义社会发展的第一个阶段——数据要素资本化阶段进行具体分析①。

6.1　数据要素资本化的前提

　　数据要素资本化即要从抽象层面阐明资本主义生产关系是如何在以数据为核心生产要素的劳动过程中展开的。马克思对资本主义生产关系的抽象考察以商品交换即生产资料和劳动力的买卖为前提②，这就意味着生产资料，特别是除劳动本身以外的生产要素必须具备交换性和分离性。本节以作为生产要素的数据的基本特征入手，从数据要素的交换性和数据要素的分离性两方面阐述数据要素资本化的前提条件。

---

　　① 数据要素资本化是作为经济的社会形态的数字经济发展的第一个阶段，就数字经济发展的全过程而言是第二个阶段，因为数据要素资本化是以数据资源要素化为前提的，即以数字经济作为一种经济形态已经产生为前提。

　　② 马克思，恩格斯．马克思恩格斯全集：第三十八卷［M］．北京：人民出版社，2019：26.

6.1.1 数据要素的交换性

数据要素的交换性本身又可以从交换的可能性和必要性两方面来考察。

（1）数据要素的可交换性

在《政治经济学批判大纲》的"货币章"中，马克思指出，作为价值，商品必须总是可交换的，而在实际的交换过程中，只有当商品符合特殊的条件，即和自己的自然属性相联系并且和交换者的需要相适应的数量上，才是可交换的。以数据要素的特征为基础，我们从再利用性和排他性两个方面详细论证数据要素的可交换性。

第一，数据要素的再利用性。不同于非竞争性、持久性和外溢性等数据的静态属性，再利用性是数据的动态属性，单单静态的数据要素没有使用价值，要与科学技术、劳动、机器体系等其他生产要素相结合，投入实际的劳动过程中才有意义。作为一般生产要素的数据并不局限于某种特定的用途，而是能够用于多种不同的劳动过程，服务于多种不同的需要。在本书第 5 章中我们已经阐明，数据成为新的生产要素使企业对劳动过程的控制能力空前增强。但是，在不断扩大的社会分工网络中，任何单个生产组织包括数字平台经营的业务都是有限的，其本身所囊括的劳动过程更加有限，这就决定了生产组织只能在与经营业务有关的少数几个方面对数据进行深度利用，不可能开发出数据所有的潜在功能。于是，数据的交易就成为专业化生产组织为了充分挖掘数据的潜在价值所做出的必然选择：一方面，已经在企业内部被充分开发利用的数据对于企业的边际价值非常有限，将其出售不但可以为企业带来额外的收益，也能够促进包含在数据内部的其他潜在使用价值得到发掘，进而提升社会整体的生产效率。另一方面，为了能够获取更多可供分析处理的数字化原材料，减少生产经营活动面临的不确定性，提高企业的核心竞争力，并进一步增强对生产和流通过程的整体控制能力，生产组织有充分的动机从外部购买数据要素，这在便利了数据要素扩散的同时也促进了数据集与组织经营业务更好地匹配，提高了数据资源配置的效率。事实上，为了弥补自身经营业务的不足，实现对数据要素的再利用，亚马逊、谷歌等当今数字巨头在发展的早期阶段都从组织外部购买过数据。亚马逊以提供技术服务协议的形式获得了 AOL 电子商务网站的交易数据，谷歌则以购买技术许可的方式同时获得了 Nuance 公司庞大的语音识别数据库①。此外，西班牙电话公司等一些国际通信运营商也已经开始向零售商和其他买家出售其收集到并已经被充分开发利用，但还存在众多其他潜在用途的用户位置数据。

第二，数据要素的排他性。数据的排他性同样在劳动过程中才会凸显其重要意义。就具有非竞争性的数据要素而言，由于更多的人使用并不会产生"拥挤效应"，降低数据的使用价值，因此对社会最有利的使用方式便是共享。然而，在发达的社会分工条件下，由生产过程产生的数据也是对特殊生产技术、生产流程、生产规格和生产标准的数字化"复写"，共享数据的方式很可能导致生产组织技术和商业秘密的泄露。况且，劳动过程中的数据也是生产组织对劳动过程加强控制、提高生产效率的关键手段，共享数据可能削弱其竞争优势和市场地位。因此，绝大多数企业和机构都不会随意公开自己产生、收集和拥有的各项数据②。与科学技术这种生产要素相比，数据要素的这种排他性因数据很难被包含在"人力资本"当中而得到进一步强化。尽管数据的排他性可能妨碍共享这种理论上最优的要素配置方式，但在社会分工和市场机制依然普遍存在的条件下，排他性是顺利进行市场交易的前提。马克思在《资本论》第一卷讨论交换过程的时候明确指出："为了使这些物作为商品彼此发生关系，商品监护人必须作为有自己的意志体现在这些物中的人彼此发生关系，因此，一方只有

---

① SCHÖNBERGER V M, CUKIER K. Big data: a revolution that will transform how we live, work and think [M]. Boston: Houghton Mifflin Harcourt, 2013: 86-96.

② GAESSLER F, WAGNER S. Patents, data exclusivity, and the development of new drugs [J]. Review of Economics and Statistics, 2022 (3): 571-586.

符合另一方的意志，就是说每一方只有通过双方共同一致的意志行为，才能让渡自己的商品，占有别人的商品。"① 如果数据要素不具有排他性，而是任何人都能够占有，那么一方不需要符合任何另一方的意志，不再需要征得他人的同意便可使用，因此也就不需要通过市场交易这种迂回的方式进行配置。然而，排他性本身自然就意味着一定程度上对数据的专有，排除了其他经济和社会主体同时占有的可能性，并使数据通过市场进行迂回交易成为必然要求。进一步说，这种排他性并非取决于所有制关系，而是由社会分工这种技术组织形式所造成的。社会分工导致了社会生产的普遍性和生产者活动的局限性之间的矛盾，进而造成了个人利益和社会利益的冲突，作为生产过程"复写"的数据所具有的排他性就是个人利益和社会利益冲突在数字经济时代的具体表现。

（2）数据要素不断交换的必要性

除了可交换性以外，交换的频率和次数也是数据要素能否真正实现交换的重要条件。数据的不断交换之所以成为必要，需要从拥有数据的生产组织以及需求数据的社会总体进行考察，我们分别从折旧性和重组性两方面阐明数据要素不断交换的必要性。

第一，数据要素的折旧性。与再利用性特征类似，数据要素的折旧性也是要从再生产的角度考虑才有意义。在发达的数据存储技术条件下，只要不参与生产和再生产过程，数据要素本身就不会面临折旧的问题，反之则会。原因在于：一方面，数据是人类社会和经济活动的数字化"复写"，生产社会化基本规律决定了人类社会不断向前发展，人们的生产、生活习惯和特征也会随着生产力的发展而做出相应的改变，与最新的数据相比，旧数据可能无法反映出需要重点捕捉的新特征，因而其使用价值会有所降低；另一方面，数据成为新型生产要素以后，随着生产单位对劳动过程的控制能力空前增强，对数据进行收集、存储和分析的速度也会不断加快，在数据能够服务于多种不同需要的情况下，新用途的发现可能促使生产单

---

① 马克思，恩格斯. 马克思恩格斯全集：第四十二卷［M］. 北京：人民出版社，2016：65-66.

位逐渐转变专业化的经营方向，而由此导致的劳动过程发生变化也会引起一部分适应原经营方向的旧数据使用价值的降低。由于数据要素具有折旧性，对数据进行交易也就成为生产单位促进自身发展的必然要求。通过出售对自身而言已经得到开发利用、使用价值相对较低的数据，生产单位能够降低既有数据的储存成本，提高分离有用和无用数据的技术能力，还能方便"废弃"数据在社会经济其他领域的开发利用，进而促进折旧数据的再利用。通过购买对自身而言亟须分析处理的外部折旧数据，生产单位在以很低的成本更新原有数据集的同时提高了数据与专业化业务之间的匹配程度，甚至能够催生新的创意，使企业获得巨大的竞争优势。例如，巴诺书店就通过购买 Nook 电子阅读器所收集的读者勾画和笔记等数据推断出消费者的阅读喜好，从而有针对性地推出了加入一系列健康和时事短篇作品的"Nook 快照"，在更好地满足客户消费需求的同时改进了企业的销售绩效①。

第二，数据要素的重组性。数据要素的重组性由数据要素的再利用性衍生而来，并经折旧性的影响而凸显其重要性。与上述特征一样，数据要素的重组性也是在生产过程中表现出来的动态属性，不投入有目的生产过程的数据不存在重组的意义。由于数据能够用于多种不同的生产过程，服务于多种不同的需要，而在发达的社会分工条件下单个生产组织对数据的利用程度总是有限的，为了充分挖掘数据的潜在应用价值，提高对生产和再生产过程的控制能力，增强竞争优势，生产单位必须通过不断更新、重组数据集以实现对新知识组合的持续探索。此外，数据在既定时间内的折旧性又对生产单位开发利用已有数据集提出了更为紧迫的要求，从而使得数据重组成为充分利用数据要素的必然要求。事实上，数据要素的重组性进一步彰显了数据交换的必要性。一方面，在生产过程中对数据的重组要以大规模的数据集聚为前提，而发达社会分工条件下单个生产组织凭借自

---

① SCHÖNBERGER V M，CUKIER K. Big data：a revolution that will transform how we live，work and think［M］. Boston：Houghton Mifflin Harcourt，2013：86-96.

身力量所收集到的数据量总是非常有限的，还必须从组织外部获取大量的数据为探索新的知识组合提供支撑，从而催生了生产组织购买数据的需求。另一方面，通过对多个数据集的重组，新的创意得以产生，新的生产过程得以形成，新的需求得以满足，这反过来加速了已经得到充分开发利用的数据要素的折旧，对于这些数据，生产单位在将其出售获取经济收益的同时也降低了大规模储存数据的成本，为新数据集的引进提供了空间。例如，房地产网站 Zillow. com 在获取美国社区地图位置数据的基础上添加了房地产信息、近期交易记录、物业规格等一系列额外的数据信息，这种视觉展示的形式确保了数据更加直观易懂，同时大大提高了对区域内具体每套住宅价值的预测能力。

6.1.2　数据要素的分离性

数据要素的分离性是指作为新型生产要素的数据与劳动力的分离，对数据要素的分离性的考察也可以从可能性和必要性两方面进行。与由数据的技术特征（生产力特征）所决定的数据要素的交换性不同，数据要素的分离性既取决于技术因素（生产力因素）又取决于社会因素（生产关系因素）。

（1）数据要素分离的可能性

数据要素的可分离性是指在技术层面可以将数据这种新型生产要素与劳动者相分离。在生产要素系统中，有些生产要素天然具有物化的形式，因而可以很容易地与劳动者分离。例如，土地、自然力和机器体系，都以有形的实物形式存在，在这种情况下，使生产要素脱离劳动者不存在技术上的困难，只需要将劳动者隔离到一定的物理空间之外就能够达到分离劳动者与生产要素的目的。但是，有些生产要素天然依附于劳动者本身，因此必须通过一定的技术手段才能实现生产要素与劳动者的分离。例如，管理、科学技术，最初都直接取决于劳动者本身的知识、经验和技能水平，其他人只能通过长期的观察、模仿、实践才能逐渐习得这些本领。后来随着分工的不断发展以及文书、档案记录和管理技术的进步，这些依附于劳动者本身的生产要素才得以依托文本或机器等物质载体，与劳动者分离开来。

因此，起初依附于劳动者本身，不可物化的生产要素只有通过一定的技术手段取得物化形式才能与劳动者相分离。数据要素作为人类生产和生活过程的"副产品"，毫无疑问依附于行为人本身。借助于现代化的数据采集、传输和储存设备，以比特形式采集到的数据通过磁、光、电、胶等存储载体实现了物化，脱离了行为人本身。现代数字技术能够将数据要素与劳动者相分离主要表现在三个方面：一是互联网、电商、实时在线社交平台等互联网公司凭借对用户搜索数据、Cookie以及电子邮件、聊天记录等数据的实时抓取，直接对人的行为进行数字化"复写"；二是手机、电脑、摄像头、智能穿戴设备等无处不在、无时不有的各种高性能传感器构成了全方位、立体化的"全景敞视"监控系统，随时跟踪、存储人类生产生活的全部轨迹；三是借助于深度学习、增强学习等神经网络模型，人工智能通过对数字化的海量文本进行相关性分析及模拟分析，在没有直接获得行为人数据的情况下也可以提供具有相当准确度的预测数据。这就表明，现代化的数据采集、传输、储存、分析和预测设备已经为数据要素与劳动者的分离提供了可行的技术条件。

（2）数据要素分离的必要性

现代数字技术为数据要素与劳动者的分离提供了可能，然而，两者是否真的要实现分离还取决于社会生产关系。例如，在17世纪的欧洲，金属活字印刷技术以及铜版蚀刻技术的广泛采用已经为将个人知识和技术经验从劳动者身上分离出来提供了可能①，但当时的封建行会仍将知识和技术视为行会师傅的"个人财产"，学徒要掌握某项手工业技术只能跟随师

---

① 费尔南·布罗代尔. 十五至十八世纪的物质文明、经济和资本主义：第一卷［M］. 顾良，施康强，译. 北京：商务印书馆，2017：486-491.

傅进行长达 7 年的学习过程①，这就从社会制度上阻碍了知识和技术与劳动者的分离。只是随着资本主义生产方式的发展，在资本家的工厂里，分工被不断细化，机器被普遍使用，这才真正实现了知识和技术与行会师傅的分离。资本主义生产关系以劳动力成为商品为前提，这就必然意味着要将劳动者与生产资料分离开来。在资本主义发展的早期阶段，资产阶级主要通过暴力手段强行将劳动者与土地分开，随后则通过机械化以及资本雇佣工人进行科学研究与技术开发的手段使管理、科学技术等生产要素与劳动者相分离。

因此，在资本主义制度下，为了使劳动者永远只能作为"自由得一无所有"的雇佣劳动者，任何新出现的生产要素都必然要脱离劳动者而存在。从资本主义生产方式中逐渐发展起来的数字经济，在其成长过程中通过公开或隐蔽的方式将数据要素作为资本家或资本家集团的私有财产：一是不同于资本主义发展早期以血腥和暴力为特征的"圈地运动"，"数字圈地"以更加隐蔽的方式造成了对用户和劳动者数据的剥夺性占有，在实际上形成并强化了资本主义企业拥有数据的合法性。在数字经济发展的早期，法律还没有明确划归数据要素产权的时候，资本主义企业特别是大型平台企业便在未经用户许可的情况下收集、处理、买卖数据，形成了对数据要素的实际占有。随着个人对数据和隐私重视程度的提高以及政府规制的增强，平台企业在通过"是与否"的方式获得用户授权的"公平公正"假象之下继续拥有数据要素实际上的所有权。这种"数字圈地"运动一方面不断强化了资本主义企业拥有数据要素的客观事实，对制定偏向于企业私有的数据要素产权制度施加了显著影响；另一方面直接剥夺了用户和劳动者对数据这一生产要素的所有权，使劳动者仍旧只能维持出卖劳动力的不利状况。二是数字平台凭借"免费"的假象以公开的方式获取海量的用

---

① 17世纪英国人出生时的平均预期寿命仅为35岁（参见格里高利·克拉克的《告别施舍：世界经济简史》第五章），与这一预期寿命相比，长达7年的学徒生涯无疑构成了知识扩散的巨大门槛，形成了知识和技术与行会师傅本身分离的障碍。

户数据。在获取数据要素的过程中，数字平台往往借"免费"为用户提供服务之名为自身信息收集和数据攫取的"正当性"辩护，实际上，在目前还没有建立起完善的数据要素交易市场的情况下，所谓"免费"基础上的公平交易只能是数字平台获取超额利润的借口。如果真的是公平交易，如何解释最初具有相似技术特征和商业服务模式的平台企业一旦拥有海量数据就能获取的巨额利润呢？因此，数字企业提供的"免费"服务只是吸引用户在平台上进行一系列活动的"诱饵"，其真正目的是在提供"免费"服务的名义下合法、公开地将用户数据据为己有。

6.2　数据要素资本化的过程

数据要素的交换性和分离性提供了数据要素资本化的前提条件。在此基础上，资本主义生产关系才能够在以数据为核心生产要素的劳动过程中展开。数据要素资本化的过程本质上是探讨资本主义生产方式下以数据为核心生产要素的劳动过程是否生产价值和剩余价值。本节将遵循马克思从一般到特殊的方法论原则，从生产资本运动中的数据要素资本化和产业资本运动中的数据要素资本化两个方面依次阐述数据要素资本化的过程。

6.2.1　生产资本运动中的数据要素资本化

（1）对数据要素资本化过程研究误区的澄清

以数据为核心生产要素的数字平台企业自 20 世纪末至今都保持了快速增长的态势，由此引起了学界的广泛关注，很多学者直接以商业平台企业或金融服务平台企业为研究对象，分析数据要素资本化的过程，得出数据要素资本化过程也是价值和剩余价值生产过程的结论。不过，这类研究存在一个误区，即把从某个企业或某个产业视角来看是剩余价值生产的过程直接当作从社会视角来看的剩余价值生产过程。事实上，两者是不能等同的。这实际上涉及如何看待资本主义生产方式中的生产性劳动和非生产性劳动的问题。

生产性劳动和非生产性劳动的区分是剩余价值理论的一个重要组成部分，马克思澄清了资产阶级政治经济学将生产性劳动和资本家心目中的生产性劳动混为一谈的错误观点，指出完成哪一种形式的具体劳动（使用价值生产）对于同劳动作为雇佣劳动的资本主义社会形式相联系的这种区分来说是无关紧要的，应当从社会层面资本雇佣劳动（价值和剩余价值生产）的角度来看待生产性劳动和非生产性劳动。

马克思对生产性和非生产性劳动的区分主要包含两个基本要点：一是生产性劳动和非生产性劳动的区分与劳动的具体形式无关，也与劳动本身能否物化无关，关键在于劳动过程是否以资本雇佣劳动的社会形式进行[1]，只有被资本家雇佣，被用来为资本家生产剩余价值的劳动才是生产性劳动，反之则是非生产性劳动；二是生产性劳动和非生产性劳动的区分不仅要从被资本雇佣劳动关系支配的单个资本以及社会资本的特殊部门来看，还必须从社会总资本的角度看。而社会总资本的运动本质上不过是产业资本循环运动在更具体层面的展开。从整个社会观点来看的一定的非生产性劳动，对于特殊种类的资本或个别资本来说却可以表现为生产性劳动，因为这些劳动的合理组织会使特殊资本在资本家阶级的总剩余价值中获得一个相应的份额[2]。

因此，对数据要素资本化的科学分析不能直接从数据要素使用最密集

---

① 在《剩余价值理论》中，马克思指出："老板用他的资本交换教师的劳动能力，通过这个过程使自己发财。戏院、娱乐场所等等的老板也是如此。在这里，演员对观众说来，是艺术家，但是对自己的企业主说来，是生产工人。"（参见马克思，恩格斯．马克思恩格斯全集：第三十七卷 [M]．北京：人民出版社，2019：26．）

② 在谈到商业领域的劳动以及流通费用时，马克思指出："对产业资本家来说，流通费用表现为并且确实是非生产费用。对商人来说，流通费用表现为他的利润的源泉，在一般利润率的前提下，他的利润和这种流通费用的大小成比例。因此，对商业资本来说，投在这种流通费用上的支出，是一种生产投资。所以它所购买的商业劳动，对它来说，也是直接生产的。"（参见马克思，恩格斯．马克思恩格斯全集：第四十六卷 [M]．北京：人民出版社，2003：336．）

的金融和商业领域出发，单凭数字平台企业雇用了劳动者，并通过对海量数据要素的加工为用户提供商业和金融服务就断定数据要素资本化过程是价值和剩余价值的生产过程，而必须从整个产业资本运动的角度出发，分清生产性劳动过程和非生产性劳动过程。生产资本运动是产业资本运动的核心，我们对数据要素资本化的考察首先应当从生产领域开始。

（2）数据要素资本化是生产资本运动中的非生产过程①

生产资本的运动过程就是劳动者在资本家的管理、指挥下进行协作劳动以生产价值和剩余价值的过程。那么，数据要素在这一运动过程中又能起到什么作用呢？这就需要从最简单的生产资本的运动出发进行分析。

在资本主义生产方式发展的早期阶段，也就是包买商刚刚转变为资本主义工场主的阶段，对劳动过程的实际控制权还掌握在工人手里。尽管一定数量的工人都集中到资本家的工场中，但资本家本身并不了解生产的技术手段和操作流程，整个生产过程的进行都需要依靠工人的劳动熟练程度和专注程度，这一时期劳动对资本只是形式上的隶属。无法控制劳动过程对资本家产生了两方面的不利影响：一是无法保证产品的质量和数量；二是无法榨取更多的剩余价值。针对以上问题，资本家逐渐采用深化分工和推行机械化的办法增强其对劳动过程的控制能力。机器体系的采用一方面将生产技术、知识和经验与工人本身分离开来，另一方面又简化了单个工人的操作流程，最终导致了劳动对资本的实际隶属。资本对劳动过程的控制不断增强又催生了对管理活动的需要。在资本主义发展的早期阶段，工场的规模还比较小，资本家个人就能够担负起整个工场运转所需要的管理工作。在这种情况下，对工人进行分工、指派每个工人的任务、监督工人的努力程度、协调生产总过程的进行等一系列管理活动都由资本家本人来

---

① 当然，也有少数领域的数据要素资本化过程属于生产资本的运动过程。例如，蒸汽（Steam）、油管（YouTube）、推特（Twitter）等数字平台雇用工人从事用户生成内容的生产活动，制作、产生海量的音频、视频、游戏、图像、文本等供用户直接消费使用的，以数据形式存在的商品就属于生产资本的运动。不过，这种活动一方面在海量数据中所占的份额比较少，另一方面本质上是传统娱乐、大众传媒活动在数字经济时代的升级，因此我们无须予以重点考察，只在此处进行简单说明。与此类似，通过产消一体化的形式进行用户生成内容生产的个体，其劳动也能够形成价值。

承担。而资本家在对劳动过程进行管理的同时也逐渐积累了有关生产流程、工人做每项工作所需要的时间、工人能够保持注意力的时间、工人对管理指令的执行程度等一系列信息，随后便能够利用这些信息进一步调整、优化劳动过程。这些有关劳动过程的信息就是数据要素的雏形。

随着资本的不断积累以及机器体系的采用，企业的规模越来越大，雇用的工人数量越来越多，生产社会化程度越来越高，单个企业家已经不再能够担负起整个企业的管理重担，这时就产生了企业内部专业化的管理部门，由一个团队负责企业的管理工作，特别是对劳动过程进行控制的工作。企业管理部门地出现在强化对劳动过程进行监督的同时提高了分析劳动过程信息的效率，由此导致了科学管理的出现。在对劳动过程中的一系列信息进行精确分析和实践检验的基础上，科学管理给工人规定了完成工作所需要的一整套精密方法，使得管理团队能够指挥并监督劳动过程的每一个步骤及其操作方式。在这种情况下，企业的生产效率就越来越多地取决于管理部门的工作效率了。随着计时电影照相机、频闪观测影片和电影在管理工作中的推广和使用，管理部门已经能够对劳动过程中的绝大多数动作进行分解研究，之后按照最有利于节约时间的方式重新设计操作方案和流程，并向车间普遍推广①。这时整个劳动过程的运行方式已经与以数据要素为基础的劳动过程相差无几了。以数据为核心要素的劳动过程实现的突破表现在两个方面：一是对劳动过程中的数据进行采集的方式更加立体化、统一化，变频器、摄像头、供氧测量器、心率测量器等不同类型传感器的应用使劳动者的视觉、听觉、触觉数据都能够按照可以统一处理的格式被采集，这就极大增加了对劳动过程中各种数据的掌控力度；二是对劳动过程中的数据进行分析的方法更加智能化、精确化，深度学习、增强学习等神经网络模型能够通过对数据的挖掘产生出更多的数据，不仅有望打破维度诅咒，也为加快劳动过程自动化的步伐提供了条件。

综上所述，生产资本运动中以数据为核心要素的整个劳动过程表现为

---

① 哈里·布雷弗曼. 劳动与垄断资本 [M]. 北京：商务印书馆，1978：154-158.

两个有机联系的环节：一是生产各种产品和服务的直接劳动过程；二是对直接劳动过程进行指挥、监控的科学管理过程。这两个过程在生产资本运动中同时进行，直接劳动过程以数据的形式被记录下来，为科学管理过程提供精确分析的材料。反过来，科学管理过程则通过对数据的深度分析为直接劳动过程提供进一步优化的方案。因此，生产资本运动中数据要素资本化的过程实际上就是资本主义企业管理、监督、协调活动数字化的过程。

那么，这种劳动过程能不能生产价值和剩余价值呢？只需要对照一下马克思对资本主义企业中管理和监督劳动的论述，答案就很明显了。在《资本论》第一卷讨论协作问题以及《资本论》第三卷讨论所谓资本家的"监督工资"时，马克思都将管理劳动视为非生产性劳动，是生产资本运动中的非生产耗费，因为这种劳动本身只是为榨取剩余价值而存在的。榨取剩余价值的职能本质上是属于资本的职能而非劳动的职能，自然就不能被算作生产性劳动了。在《剩余价值理论》中，马克思明确指出："一部分管理劳动只是由资本和劳动之间的敌对状态、由资本主义生产的对抗性质引起的，它完全和流通过程引起的 9/10 的'劳动'一样，属于资本主义生产上的非生产费用。"① 总之，生产资本运动中数据要素资本化的过程尽管是维持并进一步提高企业的劳动生产率，增强资本家对劳动过程控制能力所必不可少的环节，但由于它本身并不直接参加生产过程，只是资本主义企业管理、监督、协调劳动数字化的过程，因此本质上是生产资本运动中的非生产过程，既不会生产价值也不会生产剩余价值。

6.2.2 产业资本运动中的数据要素资本化

生产资本运动只是产业资本运动中的一个环节，产业资本的完整运动过程包括购买、生产和售卖三个阶段，在不同的阶段分别采取货币资本、

---

① 马克思，恩格斯. 马克思恩格斯全集：第三十五卷 [M]. 北京：人民出版社，2013：365.

生产资本、商品资本的职能形式。在分析生产资本运动中数据要素资本化过程的基础上，我们还需要进一步阐明产业资本运动中的数据要素资本化问题。

产业资本运动在生产资本运动的基础上对资本家的行为进行了更全面的刻画。在生产资本运动过程中，资本家主要执行生产管理的职能，通过对直接劳动过程的控制最大限度地榨取剩余价值。随着企业内部生产社会化程度不断提高，科学管理就成为增强对劳动过程控制能力的必然要求。科学管理建立在对直接劳动过程中的信息进行精确分析的基础上，因此，劳动过程中的各种信息就是科学管理的核心生产要素，当劳动过程中的各种信息都统一采用数据的形式时，资本主义管理活动就实现了数字化转型，同时数据要素也实现了资本化。一旦生产资本运动过程中的管理活动采取了数字化的方式，货币资本、商品资本的运动过程也自然而然地可以采用数字化的方式，于是数据要素资本化过程就扩展到整个产业资本运动的全过程。

产业资本运动中货币资本和商品资本运动的过程，实际上是生产资本运动之外由资本家推动的包含买卖活动的流通过程。因此，在整个产业资本运动中，资本家不仅需要承担生产资本运动中为控制劳动过程进行的管理工作，而且需要承担与企业经营相关的流通过程的管理工作。流通过程的管理工作涉及企业运营资金的筹备、闲置资金的有效利用、成本收益核算、商品供应链和销售渠道管理、客户意见调查、忠诚度维系等一系列烦琐的任务。为了提高流通过程的管理效率，资本家很早就借助商业簿记使用数据核算的方法对流通过程进行系统管理。不过，由于流通过程涉及的信息类别多样、格式各异①，需要使用专业化的雇员进行分类处理，传统的科学管理在流通领域的应用主要体现在容易制定统一标准的会计核算方面。20 世纪 60 年代以后，消费主义的盛行为提升流通领域的管理效率提

---

① 例如，有关产品故障的信息、有关客户地址和购买习惯的信息、有关企业成本收益的信息分别以照片、文字和数字的形式呈现。

出了更高的要求。现代数字技术设施如商业计算机、条形码扫描仪、物流信息系统、电子商务平台、商业数据仓库相继投入使用，不仅为流通领域各类信息的整合提供了方便，还能凭借对海量数据的分析不断完善、优化流通管理系统，以数据为核心要素的劳动过程迅速扩展到了整个流通领域。这时，数据要素资本化就在产业资本运动全过程中实现了。

综上所述，产业资本运动中的数据要素资本化是生产资本运动中数据要素资本化过程向流通领域的扩展，实质上是流通管理过程的数字化。由于流通领域的劳动只涉及商品形态的变化，与价值创造和价值变化毫无关系，不是生产性劳动，因此产业资本运动中的数据要素资本化过程既不会创造价值，也不会创造剩余价值。

6.3　数据要素资本化的结果

数据要素资本化使生产资料资本主义私人占有关系在以数据为核心要素的劳动过程中逐步展开，由此导致了两方面的结果：一是数据资本的形成；二是数据拜物教的产生。

6.3.1　数据资本的形成

数据要素资本化使资本主义生产管理和流通管理都实现了数字化，管理劳动过程通过对作为核心生产要素的数据进行深度分析和挖掘，产出同样以数据形式存在的、有利于实施科学管理的算法和被算法精炼过的数据，由此形成了数据资本。数据资本是资本主义企业管理活动数字化的结果，它以算法和精炼的数据为物质载体，体现的是用数据生产数据的管理劳动过程中资本雇佣劳动的关系。

数据资本的形成改变了产业资本的循环运动。数据资本没有形成之前，产业资本循环运动依次采取货币资本、生产资本、商品资本的职能形式。数据资本形成以后，产业资本循环运动的完整过程又加入了数据资本的职能。不过，数据资本并没有取消货币资本、生产资本、商品资本的职能形式，而是与之并存，通过深化组织内部分工，优化货币资本、生产资本、商品资本的运动过程实现对产业资本循环运动全过程的完善，提高了产业资本的整体运营效率。因此，产业资本循环运动依然经历购买、生产、售卖三个阶段，并依次采取货币资本、生产资本和商品资本的职能形式。但在每一个具体的阶段，产业资本采取的每一种职能形式都纳入了数据资本，于是分别出现了货币数据资本、生产数据资本、商品数据资本①。实际上，现在产业资本的每一种职能形式以及每一种职能资本的运动过程都要接受数据资本的指挥和管理。在产业资本循环运动的全过程中，数据资本作为一种职能资本获得了支配整个产业资本运动的权力。

6.3.2 数据拜物教的产生

数据要素资本化的过程尽管既不能创造价值，也不能创造剩余价值，因而没有价值内容，但它向流通领域的全面扩展深刻影响了价值形式，并催生了崇尚数据统治权力的数据拜物教。

随着数据要素资本化扩展到流通领域，流通中的价值符号也逐渐由纸币向数字化货币演变：一方面，数据要素的采集、储存和传输需要依靠随时能够跟踪人类生产生活轨迹的带有传感器的数字设备，如智能手机、智能手表、平板电脑等，这在方便人们生活的同时客观上也提供了能够进行支付的终端设备，催生了数字化价值符号的产生；另一方面，由于具有非竞争性的特征，同样的数据可以同时进行多次交易，而数据以比特形式存

---

① 需要注意的是，虽然目前我们称之为"数据资本"，但这种资本还没有取得完全意义上的"资本"形态。本章主要阐述数据资本具有资本主义所有制关系，即生产资料资本主义私人占有的一面，还没有具体讨论数据资本的收益问题。正如本章第二节已经阐明的，数据资本本质上是一种非生产费用，至于这种非生产费用为什么能够采取资本的形式，本书下一章将会进行详细说明。

在的特性也使得数据要素通过网络空间进行流通比依托物质载体的传统实物交易更加方便，具有更低的交易成本，这就使得数字化交易成为必然要求。因此，纸币这种价值符号必定会向数字化货币的价值符号转变，这种转变又表现为两种趋势：一是通过对个体账户的数字化升级将纸币符号代表的价值量直接转化为数字符号代表的价值量，如采用微信、京东、支付宝进行支付之前首先需要将个体的银行账户与这些应用程序绑定，这样在结算时尽管要以数字符号往来为凭证，但本质上仍然是纸币符号的数字化变形，二者具有同等的效力；二是通过数字技术手段直接创造出新的数字符号，取代原有的纸币符号，如比特币、莱特币、以太币等没有信用货币支撑的纯粹数字符号，网络空间中的某些交易已经规定只承认这些去中心化电子货币作为支付手段，拒绝接受信用货币形式的支付，因此，这种类型的数字货币符号是对纸币符号的直接替代。

既然价值形式实现了由纸币符号向数字化货币符号的转变，那么价值运动的中介自然也会发生变化，信用制度这种中介形式逐渐向一般数据这种中介形式转变。所谓一般数据，是指由大数据和云计算所形成的庞大关联体系①。就纸币符号向数字化货币符号转变的第一种趋势而言，尽管纸币这种信用货币仍然能够发挥作用，但得益于较低的交易成本，实际的交易活动越来越表现出"去纸币化"的倾向，从而产生了对一般数据的依赖。此外，推行数字化支付的平台组织也逐渐将其业务延伸到货币金融领域，在平台内部发行具有流通职能的准货币符号，如京豆、钢镚、钻石、点券等。这些准货币符号不仅依靠信用货币的转化，还取决于用户在平台内的活动，即可以通过点赞、评论、邀请好友、一次性大量充值等方式获取，而用户的这些行为毫无疑问都需要以一般数据作为中介。就纸币符号向数字货币符号转变的第二种趋势而言，信用制度已经失去了存在的意义，比特币、莱特币、以太币等纯粹的数字货币完全依靠大数据和发达的

---

① 蓝江. 一般数据、虚体、数字资本：数字资本主义的三重逻辑 [J]. 哲学研究，2018 (3)：26-33.

计算机算力来获取，这种情况下价值形式的中介自然就是一般数据。由此可见，对价值形式而言，随着纸币符号向数字化货币符号的转变，价值表现的中介也由信用制度逐渐发展到一般数据，这种以虚拟空间为根基的价值形式因而表现为一种更加虚幻的形式。

数据要素资本化扩展到流通领域以后，一方面借助于平台组织及数字控制技术大大提高了生产社会化程度，加速了组织内分工和社会分工的演进，使人与人之间的社会经济联系空前增强；另一方面则使越来越多的人类活动被卷入交换关系当中，交换关系不仅向新的数字生产领域延伸，也扩展到了日常生活领域，并最终确立了以一般数据为中介的数字符号这一价值形式。在这个以数据作为关键生产要素的无处不在的泛在连接时代，不仅是工作场所及家庭、学校、医院甚至是国家都被纳入数字化场域，服从于数据所确立的新秩序。大数据已经成为一种普遍的社会权力，个体却依然不能有效地驾驭这种力量。而且，随着生成、积累的数据越来越多，个体在大数据权力面前表现得越加渺小，数据权力对于个体也成为一种异己性的力量，数据拜物教因而得以确立。很多时候，人们的社会经济活动以数据为中介不是出于个人的自愿，而是因为拒绝使用这一中介便意味着无法顺利建立起社会经济联系[1]。总之，数据秩序已经架构出了一个让每个用户都无法逃离的平台，而且这种架构正在以几何级数的速度不仅向生产领域也向日常生活领域全方位扩张。

---

① 南京大学哲学系蓝江教授发表在《哲学研究》2018 年第 3 期上的《一般数据、虚体、数字资本——数字资本主义的三重逻辑》一文中指出，在人行通道里卖袜子和小商品的老太太摆出微信或支付宝的二维码并不是她们自愿的，而是因为一旦没有这个二维码（拥有这个二维码就意味着加入支付宝或微信构筑的秩序之中），行人随时会以没有现金为由而拒绝交易，这就意味着她们根本无法卖出自己的商品。我们也做过类似的调研，笔者及课题组成员曾经在长达三年的时间里搭乘过 600 多辆出租车，并对司机进行过调查，询问他们是否可以放弃滴滴软件而采用传统方式经营。几乎所有的司机都回答在同行及大多数顾客使用滴滴这一数字交易系统的情况下，采用原来的"招手即停"方式肯定无法生存下去，因为在数字时代，以招手的方式寻找可以搭乘的出租车的人目前仅占顾客群体的很少一部分。

7　数据资本产业化

数据资本的形成为产业资本循环运动增添了新的环节，随着资本主义生产关系从抽象到具体的逐渐展开，数据资本作为一个独立地执行职能的资本从产业资本循环运动中分离出来，就形成了平台资本，平台资本运动的物质领域就是数字产业①。以马克思经济的社会形态理论中对资本主义生产总过程各种形态的分析为基础，结合数字产业发展的现实状况，本章从数据资本产业化的前提、数据资本产业化的过程、数据资本产业化的结果三个方面对数字经济在资本主义社会发展的第二个阶段②——数据资本产业化阶段进行详细阐述。

7.1　数据资本产业化的前提

数据资本要能作为一个独立地执行职能的资本从产业资本循环运动中

---

① 学界对数字产业的定义尚未达成共识，但从各方界定的范围来看，数字产业必须以数据产业为核心（参见本书第2章2.2节）。因此，本章关注的重点也在于数据产业。数据产业形成以后，数字产业应当在产业链上向上游和下游延伸到什么程度更多的是一个实践问题。事实上，我们认为，为了能够将数字经济与信息经济、网络经济区分开来，将数字产业界定为数据产业，即数据生产和经营的产业是必要的。数字经济最典型的特征是大数据成为生产要素，于是，与大数据经营直接相关的产业才应当是数字产业的核心。从这个意义上说，像手机、个人电脑、平板电脑等电子设备制造业不应当被算作数字产业当中，这些产业早在大数据出现之前就已经产生了，实质上属于传统制造业借助大数据进行的改造升级。如果将它们都算作数字产业，就会出现一些似是而非的问题。例如，我们应当把制造大哥大这种使用模拟通信网络而非数字通信网络的行业算作数字产业吗？

② 数据资本产业化是作为经济的社会形态的数字经济在资本主义社会发展的第二个阶段，就数字经济发展的全过程而言是第三个阶段。

分离出来，必须先满足一定的前提条件，这些条件保证了在资本自由流动的作用下，数据市场①很快就能建立起来。

7.1.1 存在对数据的供给和需求

数据市场能够建立的首要前提是充足的数据供给和需求。

（1）数据的供给

数据的供给来源主要有两类：一类是个体生产的数据，包括产消一体化过程生成的数据以及由平台组织分包、外包和众包等一系列委托任务带来的个体数据。这类个体主要包括社交网站经营者、游戏模组爱好者、在平台上自行"接单"的软件工程师等为数众多的自己掌握数据生产过程的劳动者②。这些劳动者通过手机、无人机、数码相机、个人电脑等小型、微型数字处理设备实现数据的生产，从而形成了分散的数据供给来源。另一类是组织生产的数据，包括各生产单位内部生产过程形成的数据以及通过市场交易从众多的用户中获取并按照特定目的进一步加工处理的数据。与只能够使用小微型数字处理设备的个体不同，得益于生产社会化和专业化经营的优势，这些工厂、平台和中介组织可以使用高精度传感器、云计算、人工智能、大型计算机甚至量子计算等先进的数字技术同时实现数据的大规模生产和个性化营销。这些在用户和组织的原始数据基础上被进一步加工处理的数据就形成了集中的数据供给来源。

从当今数字技术发展的趋势来看，无论个体生产的数据还是组织生产的数据都呈现出不断增加的态势：一方面，数码相机、可穿戴设备等数据采集设备的精度不断提高，手机、移动硬盘、个人电脑等数据存储和处理

---

① 既包括数据要素市场，又包括数据产品市场。

② 据统计，2017 年，美国消费者每天花费在移动设备上的时间大约为 5 小时，其中超过 1/3 的时间用于通信和社交媒体，而且这一时间还有逐步增加的趋势。此外，2018 年有 400 万美国人的就业处于与数字平台相关的零工经济当中，到 2021 年这一数字超过了 900 万人（参见 https://www.sohu.com/a/127869849_254058 以及 https://www.sohu.com/a/143762789_223764）。

设备的功能不断升级，有线和无线通信网络的传输速度不断加快，这都为个人数据的生产提供了更加便利的条件①；另一方面，高精度测距、重力、压力、温度传感器在工业上的逐渐普及，人工智能算法的迅速迭代更新，大型计算机和超大规模云计算算力的持续提升，也都降低了大数据的生产和传输成本，而随着数据生产条件的不断改进，数据的供给必定会持续增加。

（2）数据的需求

在马克思经济学中，需求即某种数量的一定社会需要，它具有两种含义：一种是与人类单纯的身体的需要相对立的，在历史上和社会上发展起来的人类的需要，马克思称之为"第二天性"；另一种是形成对市场中商品的需求，即"有支付能力的社会需要"。第一种含义的需求与劳动力商品的价值形成相联系，构成一定社会历史条件下劳动力商品价值决定的基础。第二种含义的需求则一般地规定了商品能否得到社会认可的条件，在发达的社会分工体系中，关键在于"为别人生产使用价值，即生产社会的使用价值"，因此商品必须是为社会所需要的。可以看出，马克思始终是从社会的角度来考察需求问题，贯彻了社会总劳动时间在不同商品之间进行分配的基本原则。

前文已经阐明，数据生产条件的改善降低了单位数据的生产成本，这也有利于增加对数据的需求。就第一种含义的需求而言，随着社会经济的发展，构成劳动力价值的商品范围也越来越大。在数字经济时代，以各种数字化社交媒体为基础的社会交往已经成为劳动力再生产过程中所必不可少的因素②。因此，数据生产成本的降低为消费更多数据商品提供了激励，增加了用户对于数据的需求。就第二种含义的需求而言，数据生产成本的

---

① 2001 年，日本尼康公司生产的专业级数码单反相机的拍摄像素为 530 万左右；2021 年，具有超高速连拍功能的全画幅微单相机的标准像素已经达到了 4 500 万。与此类似，尽管近十年英特尔公司只能在每年带来芯片性能 5%的提升，幅度远不如此前奔腾 D 到酷睿 2 时翻天覆地的变化，但 2020 年苹果公司推出的 M1 芯片直接将微型计算机处理器性能提升了将近 50%，这证明了数字技术革新的速度并没有放缓。

② 实际上，不仅对于劳动者，对于资本家来说，以各种数字化社交媒体为基础的社会交往也已经成为其再生产的必需品。

降低从三个方面刺激了社会对数据的需求：一是数据生产成本的降低不仅使劳动者对数据商品的需求增加，在支付同样货币资金的情况下，资本家及社会的各公共部门、非营利组织都能够获取更多数量的数据商品，因而普遍增加了对数据的需求。二是随着数字经济的深入发展，传统行业的数字化改造升级也被提上了日程，数据在国民经济中的重要性越来越突出，在这种情况下，数据生产成本的降低为社会总劳动在各生产部门之间的重新配置提供了信号，促使社会将更高比例的总劳动时间投入到对传统产业的数字化改造中，这就直接增加了社会对于数据的需求①。三是数字技术的持续进步造成了生产和消费的边界不断模糊，产消一体化已经成为数字经济的重要特征②。在一定时期内，当流通中的数据总量既定时，数据生产成本的降低在刺激对数据要素需求的同时也加快了数据的流通速度，因而增加了同一时点上社会对数据的总需求。

7.1.2 存在大量、频繁、重复的交易

除了存在对数据充足的供给和需求，要使本身并没有价值的数据能够具有市场价格的形式，还必须存在大量、频繁、重复的交易。对于传统商品而言，大量、频繁的交易是商品市场价格形成的重要条件：一方面，大量的交易能够使商品的平均生产条件更加贴近满足社会需要所要求的正常水平，同时也有利于避免单笔交易过程中可能发生的导致商品按照其个别价值进行交换的偶然性因素出现，于是，"不同商品的交换，不再是纯粹偶然的或仅仅一时的现象"，这就促进了商品个别价值向市场价格的转化。另一方面，频繁的交易使得在生产和交换过程中取得的经验不断积累，这

---

① 在《资本论》第三卷中，马克思明确指出，"既然社会要满足需要，并为此目的而生产某种物品，它就必须为这种物品进行支付"。

② 近年来，在线消费者越来越多地涉足生产过程的不同环节，这体现在包括维基百科、乐高数字设计师软件项目等在内的诸多案例之中。而且，随着信息与通信技术的广泛使用，在线的产消合一者正在不断地被商品化，因为他们的价值主要体现为市场营销价值，即向别人"兜售"自己的能力——不管是发布一条博客，还是吸引脸书上的好友，抑或是因为乐高设计而受到赞誉。

样既有利于准确地判断当前商品的市场价格，又有利于形成对商品未来市场价格变动趋势的合理预测。商品的相对价格相当近似地确定下来，"只有通过一个漫长的、往往是在暗中不断摸索、经过曲折才逐渐接近的过程，而且在这个过程中也像在别处一样，人们只有吃一堑才能够长一智"①。对于作为商品的数据而言，除了大量、频繁的交易之外，重复的交易也是市场价格形成所必不可少的条件。大量、频繁的交易有助于确定不同时点上数据的市场价格，而大量、重复的交易有助于确定同一时点上数据的市场价格。由于具有非竞争性、再利用性、重组性等特征，同一时点上所产生的数据通常会经过多次交易，出售给不同的使用者，而出售给多个使用者的数据在其产生过程中应当包含的无差别人类劳动是既定的。因此，类似于计时工资和计件工资的转化原理，只有通过大量、重复的交易才能够确定不同类型数据的平均交易次数，进而计算出特定数据每一次交易应当体现的市场价格。综上所述，大量、频繁、重复的交易是确保数据市场形成的重要前提。

7.1.3 存在平均利润率

存在对数据充足的供给和需求以及大量、频繁、重复的交易只是提供了数据市场本身形成的前提条件。然而，一个新的产业能否真正建立还取决于社会不同生产部门之间的联系，即新的产业能否提供与其他产业大致相同的利润率水平。

西方产业经济学对新产业形成问题的研究主要限于对新产业局部市场的分析，传统上属于微观经济学的分支。然而，在考察新产业形成过程的问题时，局部分析存在一个明显的不足，即没有办法对新产业为何能够不断吸纳社会资源提供合理的解释。规模经济、范围经济都是促成新产业形成的因素，但国民经济各部门中存在规模经济和范围经济的部门不在少

---

① 马克思，恩格斯. 马克思恩格斯全集：第四十六卷［M］. 北京：人民出版社，2003：1017.

数，为什么社会资源偏偏流向了新兴起的产业呢？因此，对新产业形成问题的考察不能脱离各部门之间的联系。

在马克思经济学中，社会各部门之间相互联系最突出的特征在理论上表现为平均利润率的形成，出于逐利本性的资本在社会不同生产部门之间的自由流动最终使一般利润率趋于平均化①。平均利润率为特殊类型资本的独立化，从而为新产业部门的形成提供了理论分析的基本立足点：

第一，平均利润率是新产业形成的基准条件。只要社会上不只存在一个产业，当研究新产业兴起的问题时就必须考虑社会已有产业部门的状况。在资本主义发展的成熟阶段，资本在社会已有产业部门之间的自由流动会导致平均利润率的形成。于是，已有产业部门中必定不存在利润率明显高于其他产业部门的部门，否则社会资源就没有理由涌向新生产部门，而是会继续向利润率更高的已有产业部门流动了。因此，社会层面存在平均利润率是新产业形成的基本前提，即要形成新产业，就要从社会中不断吸纳资源，一定至少能够提供平均利润率。

第二，平均利润率是确定新产业收益率和收益来源的基本依据。根据马克思对生产性劳动和非生产性劳动的区分，社会中新出现的产业不一定是生产性的，也就是说，新产业本身的劳动过程可能既无法创造价值也无法创造剩余价值。那么，新产业的收益率和收益来源如何确定就成为理解新产业形成和发展的关键问题。平均利润率提供了分析非生产性新兴产业收益率和收益来源的基本依据。就收益率而言，从短期来看，投入新产业的资本至少要获得社会层面已有的平均利润率；从长期来看，投入新产业的资本加入社会总资本会重构利润率平均化的过程，促使新的更低的平均利润率形成（资本有机构成不断提高的结果）。就收益来源而言，尽管新兴产业本身可能不创造价值和剩余价值，但根据等量资本获得等量利润的原则，新兴产业能够从社会总剩余价值中转移与预付资本量相一致的利

---

① 王珺. 价值转形问题无解吗：基于马克思主义经济学方法论的批判性回顾 [J]. 上海经济研究，2023（5）：50-65.

润量。

综上所述，存在平均利润率也是数据资本产业化的重要前提条件。

7.2 数据资本产业化的过程

资本主义交换关系和数据资本本身的发展为数据资本产业化创造了必要的前提条件。数据资本产业化的过程就是数据资本作为一个独立地执行职能的资本从产业资本循环运动中分离出来的过程，与马克思经济学中商业资本和生息资本取得独立资本形态的过程类似，这个过程本身又应当包括作为独立职能形态的数据经营资本的形成和收益确定两个紧密联系的环节，因此我们从数据经营资本的形成和数据经营资本收益的确定两方面具体阐述数据资本产业化的过程。

7.2.1 数据经营资本（平台资本）的形成

本书第 6 章已经阐明，数据资本作为资本主义企业管理活动数字化的结果，改变了产业资本的循环运动。纳入数据资本以后，产业资本的每一种职能形式以及每一种职能资本的运动过程都要接受数据资本的指挥、协调和管理。于是，在产业资本循环运动的全过程中，数据资本作为一种职能资本就获得了支配整个产业资本运动的权力。因此，在一定的时期，社会总资本的一部分将会不断地处于数据资本的形式，尽管这部分数据资本本身会随着产业资本的循环运动而变换具体职能。例如，当产业资本处于生产资本的形态时，数据资本就发挥管理生产领域劳动过程的职能；当生产资本转变为商品资本时，数据资本就发挥管理商业领域劳动过程的职能。社会总资本的这个部分是由分散在各个个别资本当中的数据资本加总而成的。不过，这就产生了一个问题：本书第 6 章已经说明，数据具有非竞争性、持久性、外溢性、再利用性、重组性等特征，这就意味着大规模集中使用是有效利用数据的最佳方式，然而个别资本分别设立自己的数据资本实际上是对数据资本进行了分散使用，明显降低了数据资本的利用效率。如果各个个别资本中的数据资本集中起来由一些资本家进行专业化经营，就出现了独立的数据经营资本。数据经营资本不外乎是社会层面产业资本循环运动过程中数据资本的一部分的转化形式。我们说一部分，是因为数据资本仍会有一部分（如涉及核心商业机密的数据资本）由职能资本家自己经营。不过，为了研究数据经营资本的纯粹形态，与马克思在分析商业资本及生息资本时所使用的方法一样，我们把这个由职能资本家自己经营的部分完全抽象掉。

那么，由自己经营数据资本的个别资本和数据经营资本之间是什么关系呢？一旦出现了对数据进行大规模集中使用的数据经营资本家，个别资本家很快就会发现由自己来经营数据资本比交由数据经营资本家要耗费更多的成本。因为数据经营资本家拥有更大量以及更多维的数据、更大容量的数据存储空间、更先进的数据采集和分析设备、更快速的数据传输网络、更专业的数据挖掘和管理知识。在此基础上，数据经营资本家就能够提供更先进的管理算法和更高质量的经过分析、提炼、加工的数据。于是，个别资本家的数据资本就逐渐以更低的成本交由数据经营资本家进行专业化经营了。因此，数据经营资本家只不过是代替个别资本家来经营数据资本，原来被个别资本家看作是纯粹非生产费用的数据资本经营支出现在转到了数据经营资本家手中，不过不再被当作非生产费用，而是从一开始就被数据经营资本家当作预付资本，并以此为基础获取收益。

经营数据资本所需要的劳动力这种流动资本以及像传感器、数字化操作系统、数据存储及分析设备等固定资本的转移比较好理解，无非就是将劳动力和固定资本由一个空间转移到另一个空间。其困难在于经营数据资本所需要的原材料——数据。一方面，数据产生于产业资本循环运动的全过程，而产业资本的运动是在个别资本家的指挥下进行的，这就意味着数据的采集和应用都发生在个别资本家的企业中；另一方面，数据由数据经营资本家进行专业化经营又意味着数据采集、分析、预测、反馈环节所需要的劳动力和生产资料都要转移到数据经营资本家手中。那么，数据经营资本家应当如何获取并向个别资本家反馈数据呢？要解决这个困难，数据资本由个别资本家向数据经营资本家转移的过程就必须伴随着数据的接入，即个别资本家接入数据经营资本家的大数据系统，通过现代数字化采集、储存和传输技术将个别资本循环运动过程中产生的数据实时传送到数据经营资本家那里，然后将数据经营资本家精炼过的数据和算法反馈给个别资本家。由于取得独立资本形态的数据经营资本要同时为多个个别资本提供服务，要同时满足个别资本数据接入和数据经营资本大规模专业化经营的条件，数据经营资本就必定要采取平台的运营方式。数据经营资本构建一个经营数据的专业化平台，个别资本通过将个别数据接入数字化平台获取数据处理服务。在这种组织方式下，接入数字平台的个别资本越多，数据就越能够被大规模集中使用，因而数据经营资本的运营效率就越高，数据处理的成本就越低。

综上所述，数据资本从产业资本循环运动过程中独立出来就形成了数据经营资本，数据经营资本作为社会分工中一种独立的资本形态，本身就意味着数字产业的形成。由于数据经营资本必定采取平台这种明显区别于其他资本形态的组织形式，为了简化起见，也为了凸显数据经营资本的技术和运营特征，我们将数据经营资本称为"平台资本"。

7.2.2　数据经营资本（平台资本）收益的确定

平台资本作为社会总资本中一种独立的资本形态，在范畴层面标志着数字产业的形成。不过，我们还没有详细考察数字产业形成的内在动力，即还没有揭示产业资本循环运动过程中数据资本转化为平台资本的经济动因。本部分将通过具体阐述平台资本收益的确定揭示数字产业形成的经济动因。

新兴产业能够形成的关键在于社会中的资本从其他领域不断向该产业流动，最终与原有的产业保持大致的平衡。这就意味着新兴产业形成初期至少能够获得不低于当时社会平均利润率的利润率，而新兴产业成熟时的利润率又与纳入新兴产业的社会平均利润率大致相等。

在数字产业形成的初期，与个别资本家独自经营数据资本相比，由于拥有更大量以及更多维的数据、更大容量的数据存储空间、更先进的数据采集和分析设备、更快速的数据传输网络、更专业的数据挖掘和管理知识，因此平台资本能够以更低的成本为个别资本家提供同样甚至质量更高的数据处理服务。此外，得益于对接入平台的个别资本运营数据的无偿使用，平台资本进行数据经营活动所需要的核心的生产要素——数据是无偿获取的，这都为平台资本获取利润提供了可能。更为关键的是，数据经营劳动是不创造价值和剩余价值的非生产性劳动，没有内在的价值标准，在这种情况下，数据商品市场价格的确定完全依赖市场的成熟和完善程度。然而，在数字产业发展的早期阶段，数据市场显然还在发育过程中，这就导致市场对数据商品的价格缺乏准确的判断标准，由于存在信息不对称，价格在很大程度上由更了解数据经营行业成本和收益的平台资本来决定。这就为平台资本获取高额利润提供了现实的条件。因此，在数字产业形成的初期，平台资本凭借对更多成本和价格信息的掌控，能够获得至少等于社会平均利润率的利润率。这种高利润率持续吸引更多的资本从社会其他产业流入数字产业，使数字产业迅速发展壮大。随着数字产业走向成熟，平台资本之间的竞争也日益激烈，这使得数据处理服务的市场价格下降，而不断积累的海量数据又使单个平台处理数据的成本趋于上升，因此平台资本的利润率逐渐下降，并向包含数字产业的新的社会平均利润率靠拢。

以上分析阐明了平台资本收益率的确定，然而还有一个问题没有解决：平台资本的收益来源于哪里？在数据经营劳动是非生产性劳动的情况下，平台资本的收益只能来自社会层面总剩余价值的转移。社会层面总剩余价值的转移是随着数据资本向平台资本的转化而进行的。在平台资本出现以前，数据资本由个别资本家独自经营，这种情况下的数据资本尽管也已经以资本雇佣劳动的方式运行，但在个别资本家看来，这只是企业运营过程中的非生产费用，与税收类似，需要从企业的利润当中进行扣除。在平台资本出现以后，情况出现了变化。由于平台资本家从一开始就将数据经营业务作为一项能够为其带来利润的活动经营，平台企业运行所需要的办公场所、传感器、数据存储和分析设备、数据传输系统、雇员工资、能源电力等各项支出都被算作预付资本，要按照等量资本获取等量利润的原则获得相应的利润[①]，平台企业雇员的剩余劳动帮助平台资本家从社会总剩余价值中取走了与其预付资本相对应的一部分。因此，平台资本的收益由社会层面总的剩余价值转移而来。在平台资本家看来，他预付资本并雇佣员工进行了劳动，预付资本就表现为他的利润的源泉。然而，从社会总资本运动的角度来看，平台资本家的预付资本都是社会生产总过程中的非生产费用，平台利润是社会总剩余价值的一种特殊转换形式[②]。

7.3　数据资本产业化的结果

　　数据资本作为一个独立执行职能的资本从产业资本循环运动中分离出来就产生了平台资本。平台资本作为社会总资本中一种独立的资本形态，

　　[①]　当然，在平台资本发展的初期，包含平台资本的新的社会平均利润率还未形成之前，平台资本的等量预付资本能够获取远高于平均利润的利润，这也就意味着社会总剩余价值会向平台资本转移高于平均利润的剩余价值。不过我们把这种暂时性状态抽象掉，只考虑新的社会平均利润率形成的情况。

　　[②]　这里实际上还会涉及平台资本出现以后商品价格应当如何确定的问题。我们抽象掉商业资本和借贷资本，仅讨论存在生产资本和平台资本的最简单的情况，因为纳入商业资本和借贷资本并不会改变商品价格确定的原则，只是使计算更加复杂。假定生产资本为 M，包含平台资本的社会平均利润率为 P，平台预付资本（包括固定资本和流动资本）为 N，那么商品的最终价格实际上等于 $M+MP+N+NP$。平台预付资本作为对商品出厂价格的额外附加直接进入商品总价格，平台利润 NP 是生产资本创造的总剩余价值中需要分给平台的一部分，$NP+MP$ 就是社会总的剩余价值。

是社会分工演进的必然结果，是数字经济时代的社会分工在资本主义生产关系层面上的新表现，而社会分工演进在生产力层面上就表现为数字产业的形成。因此，数据资本产业化产生了两方面的结果：一是数字产业成为提高社会生产效率的重要动力；二是平台资本成为统治资本主义的关键力量。

7.3.1 数字产业成为提高社会生产效率的重要动力

与数据这种具有非竞争性、持久性、再利用性和外溢性特征的社会化新型生产要素相适应，数字产业中的企业普遍采用了平台这种生产组织形式，众多平台企业相互配合、协同联动，极大地提高了生产社会化程度和数字平台对生产过程的控制程度，使数字产业成为管理、指挥、协调整个国民经济运行的核心媒介，从而显著提高了社会生产效率。

首先，数字产业提供的精确算法和智能控制系统增强了对生产活动的技术控制，提高了社会生产的技术效率。数字产业对社会生产活动的技术控制主要表现在四个方面：一是生产过程的全面自动化。表现为比特形式的一般数据克服了以模拟数据控制生产过程时必须依赖特定技术流程设定的缺陷，通过将信息以逻辑的形式加以表示并将其转换为电子数据流，新的数值控制手段实现了通用目的生产和实时信息反馈的统一，凭借大数据这一生产要素以及相应的数据处理技术，企业真正能够使生产过程达到全面自动化的程度。二是研发活动的智能化。研发活动面临的一项关键约束就是如何将海量知识库中的知识加以组合，以形成新的创意，以往这通常依赖于研究人员的直觉，无特定规则可循。大数据将海量的知识转化为可以统一处理的格式，大数据分析技术为从无数种知识组合中搜寻新的创意提供了便利，这大大提高了研发人员处理基础信息的效率，也为满足不断增加的技术控制手段提供了可能。三是劳动分工的精细化。凭借对大数据的掌控，生产流程、动作的划分也越来越科学，生产单元特别是平台企业能够在充分研究特定流程、模块和动作的基础上对任务进行更精细的分解，然后规定价格和标准并广泛将其以外包、分包或众包的形式抛向市场。不同于资本主义制度刚兴起时不控制生产过程的包买商分工网络，这种数字化劳动分工是依托任务解构而搭建的精细化技术组织形式，在解构的基础上借助竞争的力量实现了对生产活动更严密的控制。四是经济行为的可视化。对于尚不能完全实现自动化的生产环节，尽管可以通过制定详细的流程和动作标准对劳动者的行为进行规范，但由于信息不对称，仍然无法彻底解决员工的"卸责"问题。随着数字产业中大数据收集、分析、传输技术的进步，从前无法观测到的经济行为也可以借助于高性能的传感器加以监测，使得经济活动的"可视化"程度大为提高，进一步增强了企业对无法自动化，尚需人工完成的任务的控制能力。

其次，数字产业建立的嵌套层级管理结构增强了对生产活动的组织控制，提高了社会生产的组织效率。依托技术控制的基础，以平台为核心组织形式的数字产业中各企业通过动态不完全竞争形成了嵌套层级结构。嵌套层级结构表现在两个方面：一是各种不同类型的平台和非平台组织相互之间形成的依存和控制；二是组织内部根据不同的任务类型搭建层层控制的管理结构。就前者而言，掌握大量数据要素的平台组织与非平台组织形成了支配-依附的关系，小型平台与大型平台之间形成了相对控制的关系，大型平台之间形成了激烈的竞争关系。大型平台通过构建平台生态系统形成了层层控制的组织结构，实现了对数量庞大的平台、非平台组织以及零工的有效掌控。就后者而言，生产组织可以根据不同工作任务的特点实施不同程度的控制。对于已经实现精细化分解的确定性任务，为了保证生产效率，通常实行最为严格的控制。对于负责设计、分解具体流程和动作的任务，在保证生产效率的同时又要在一定程度上发挥员工的自主性，通常实行较为严格的控制。对于涉及研发活动的创新型任务，必须充分尊重员工的自主性才能发挥出创造性，也才会有研发效率的提升，通常实行最不严格的控制。因此，从研发、设计到执行的整体生产流程考虑，生产组织内部也形成了严格的嵌套层级控制方式。

7.3.2 平台资本成为资本主义发展的主导力量

通过对数据这种一般性生产要素及其产品如管理算法、精炼后的数据的掌控，平台资本在联通海量个别资本并为其提供服务的同时也逐渐在各种特殊形态的资本中占据主导地位。从生产要素的特征来看，数据与生产技术的关键差别在于再利用性，即一般性。生产、分配、交换与消费活动所产生的数据，都可以被一般性地用于生产过程的改良，通过技术革新促进劳动生产率的提高；也可以被一般性地用于社会需要的研究与开发，以改善产品和服务，使之更加适应社会需要。这种使用价值的一般性，既缘于人类社会生产与消费活动的一般性，又缘于数据可以被无限复制，被多个主体同时使用的低成本或零成本。数据的这种一般性大大便利了对生产过程进行技术控制，通过对海量实时信息的掌握及多用途开发利用，生产过程借助于数据这种"元生产要素"真正实现了由半自动化向自动化的迈进；与此同时，一般性使数据没有特殊的技术应用要求，与生产技术扩散相适应的科层制组织方式的重要性也就逐渐降低。平台资本通过收集、存储、处理并传输生产、分配、交换和消费等经济活动产生的数据，创建了规模庞大的数字信息网络，实现了对现实经济活动的抽象数字化同构，也因此能够实现对传统职能资本的"降维打击"。在对大数据进行充分分析的基础上，平台资本利用外包、分包、众包等网络分工形式将大量的个别资本和用户个体整合到数字平台周围，这就扩大了数字平台的经营业务，进一步增强了平台资本对更大范围经济活动的控制能力。同时，凭借对大数据的掌控而带来的技术效率和组织效率的提升，平台资本在与传统职能资本进行竞争的过程中优势不断凸显，逐渐将传统职能资本挤出市场，例如，亚马逊等电子商务平台资本对实体连锁商店这类传统商业资本的排挤，LendingClub 和 Prosper 等数字金融平台对传统生息资本小额信贷职能的取代。此外，平台资本还能够通过两种途径持续扩张自己的业务范围，在向传统职能资本的业务渗透的同时不断增强自己的优势地位：一是在主营业务的基础上通过积极搭建全方位立体化生态系统实现向大型、综合性平台资本的转型，亚马逊、苹果、微软都是这类扩张的典型；二是通过优先占领某个利基市场逐渐赢得市场地位，随后向不同的领域进军，主动打造多元化的平台资本，谷歌、脸书、优步则是这类扩张的典型。

8 数字产业集群化

数据资本作为一个独立执行职能的资本从产业资本循环运动中分离出来，就形成了平台资本，平台资本运动的物质领域就是数字产业。随着平台资本统治地位的不断增强，其运动的物质领域也由数字产业拓展为包含数字产业和传统产业的数字产业集群，数字产业集群是数字经济发展的高级形态。以马克思经济的社会形态理论中对股份公司的分析和列宁对《资本论》问世之后半个世纪资本主义生产方式新变化的分析为基础，结合数字产业集群发展的现实状况，本章从数字产业集群化的前提、数字产业集群化的过程、数字产业集群化的结果三方面对数字经济在资本主义社会发展的第三阶段[①]——数字产业集群化阶段进行详细阐述。

8.1 数字产业集群化的前提

数字产业集群是从事数字产品制造、技术应用、服务开发、数据要素驱动等一组相互关联的企业以及供应商、管理机构、服务机构、金融机构等组织在特定空间（地理空间或虚拟空间）上集聚，围绕核心产业链共享区域公共资源、基础设施和外部经济，相互融合、协同发展，形成彼此联结、共生、竞争、合作关系的群体，是平台资本运动的物质领域由数字产业拓展成为数字产业集群的结果。这就表明，数字产业集群的发展需要满

[①] 数字产业集群化是作为经济的社会形态的数字经济在资本主义社会发展的第三个阶段，就数字经济发展的全过程而言是第四个阶段。

足一定的前提条件：一是基础设施的完善；二是平台资本的集中。

8.1.1 基础设施的完善

数字产业集群的发展必然要涉及多个产业的协同活动，不仅包括数字产业本身的发展，也包括需要进行数字化改造的传统产业的转型升级。完善的基础设施是保证各产业能够协同运行的基本条件。这种基础设施既不是单个企业发展所需的水、电、供暖等基础设施，也不是单个产业发展所需的通信、公路、环保等基础设施，而是为区域内所有产业发展提供基本生产和流通条件的集成互联、天地一体的基础设施体系。在《资本论》第一卷考察协作劳动时，马克思就区分了不依赖于劳动过程的生产条件和劳动过程本身所需要的生产条件，强调了不直接加入任何劳动行为的物质条件对于生产的必要性，他指出，"大量积聚的并且共同使用的生产资料的价值，一般地说，不会和这些生产资料的规模及其有用效果成比例地增加"[1]。这种劳动的物质资料在"劳动本身之前获得了社会性质"。

数字产业集群发展所需要的基础设施体系主要包括三类：一是数字产业本身发展所需要的基础设施；二是传统产业数字化改造所需要的基础设施；三是集群发展所需要的空间和能源的基础设施。第一类基础设施涉及对数据的采集、储存、分析、处理和传输，主要包括数据存储基础设施[2]，如云存储、非结构化数据中心；算力基础设施，如智能计算中心、超算中心；数据传输基础设施，如5G移动通信基站、卫星互联网。这类基础设施是保证数字产业本身持续、健康发展的基本生产条件，是数字基础设施体系的核心。第二类基础设施涉及数据在传统产业和数字产业之间的传

---

[1] 马克思, 恩格斯. 马克思恩格斯全集：第四十三卷 [M]. 北京：人民出版社, 2016：337.

[2] 据统计, 1 台基因测序仪每年产生数据达到 8.5PB, 一颗遥感卫星每年采集数据量可达 18PB, 1 辆自动驾驶训练车每年产生训练数据量达到 180PB, 这些不断增加的海量数据对数据存储设施提出了极高的要求（参见 https://xie.infoq.cn/article/55b12fb9824e560b4528dd963）。

递、反馈、应用和预警，主要包括通信基础设施，如光纤光缆、互联网宽带接入端口；数字化生产和管理系统，如物联网、工业互联网。这类基础设施为传统产业的数字化改造提供了关键保障，是数字基础设施体系的重要组成部分。第三类基础设施涉及数字产业集群发展所需的场所和动力，主要包括电力基础设施[①]，如特高压、变电站；空间基础设施，如导航卫星、城市土地；交通基础设施，如城市轨道交通、城际高速铁路。这类基础设施为数字产业集群的发展提供了动力和载体，是数字基础设施体系的必要组成部分。

综上所述，各项数字基础设施为打通各企业、各产业、各组织之间的时间、空间和技术联系提供了基本保障，数字基础设施体系的完善是数字产业集群化发展的重要前提条件。

8.1.2 平台资本的集中

基础设施体系为数字产业集群化提供了必要的物质前提，不过要使产业集群化发展真的成为现实，还需要某种特殊类型的资本作为主导力量，正如美国华尔街是在银行资本的主导下形成的，德国鲁尔区是在工业资本的主导下形成的，数字产业集群的形成也需要发挥平台资本的主导力量。

上一章主要从资本自由流动，即自由竞争的角度阐述了平台资本的形成问题，而平台资本要成为主导力量，就必须比其他特殊类型的资本更具优势，平台资本的集中是使平台资本具有优势的重要条件。在《帝国主义是资本主义的最高阶段》一书中，列宁在详细阐述金融资本和金融寡头的统治地位之前，就先通过指明银行资本的新作用进行了逻辑铺垫，银行资

---

① 数字产业是电力消耗大户，据统计，2016 年，单是中国数据中心的总耗电量已经超过 1 200 亿千瓦·时，超过了三峡大坝的总发电量。2018 年，中国数据中心的用电量已经达到了 1 608.89 亿千瓦·时，比同年上海市全社会的用电量还要多（参见 https://m.thepaper.cn/baijiahao_15869662）。

本由原来仅在支付中起普通中介作用发展为支配几乎全部货币资本和生产资料的势力极大的垄断者①。

与银行资本相比，得益于对海量数据的强大处理能力以及由此产生的现代化管理系统，平台资本的集中速度更快。平台资本主要通过四种方式进行资本集中：一是与经营相同或相似业务的竞争性公司进行横向合并，如微软并购雅虎；二是与同一供应链中的公司进行纵向合并，如苹果收购NeXT 软件公司；三是与类似的和互补的产品供应商进行混合合并，如脸书收购客服机器人公司 Kustomer；四是依托核心业务进行整个生态系统的扩张，如谷歌开发安卓操作系统，亚马逊和脸书构建应用程序内的搜索引擎。前三种资本集中的方式在数字经济时代兴起之前就已经被广泛使用，第四种资本集中方式充分体现了数字经济的特征。依托核心业务进行的整个生态系统的扩张不仅保持了自己原有关键平台的竞争地位，而且逐渐将此平台延伸到了与主营业务相关的几乎所有领域，形成以原有平台为核心的自封性完整生态系统。这种生态系统是完整的，因为用户日常生活中所需要进行的一切活动几乎都可以在生态系统内进行，如由苹果手机、苹果耳机、苹果电脑、苹果手表、苹果芯片等硬件以及 macOS、IOS 等软件联合构建的苹果生态系统，提供了与购物、游戏、娱乐、社交、办公、理财、健康相关的一系列产品和服务，能够使用户日常生活所需要的绝大多数操作都在生态系统内进行，同时还确保了用户的任何操作都能在其他相关设备、系统中实现无缝衔接。这种生态系统是自封的，因为用户一旦习惯于该生态系统，就再也没有使用其他生态系统的必要，用户也就被"固化"在该生态系统中了。因此，这种资本集中方式在不断增强自身规模的同时对竞争对手施加了无形的压力和威胁。随着某个生态系统趋于完善，平台资本可能在不耗费任何资本的情况下就能自动吸引其他生态系统的用户"转投"自身系统，在短时间内就可以迅速提高资本的集中度，达到"不战而屈人之兵"的效果。

---

① 列宁. 列宁选集：第二卷 [M]. 北京：人民出版社，2012：597-612.

综上所述，凭借对多种资本集中手段的综合使用，与其他类型的资本相比，平台资本形成以后能够实现更快速地扩张，于是集中也就成为平台资本发展的必然趋势。

8.2 数字产业集群化的过程

基础设施的完善和平台资本的集中为数字产业集群化创造了必要的前提条件。数字产业集群化的过程就是平台资本运动的物质领域由数字产业拓展为数字产业集群的过程，由于数字产业集群既包括数字产业又包括传统产业，这个集群化过程本身就可以从数字产业的集群化过程和传统产业的集群化、数字化过程两个方面进行考察。

8.2.1 数字产业的集群化过程

数字产业的集群化过程是指提供数字产品和服务的相关产业发展为产业集群的过程，是平台资本运动的物质领域由数字产业发展为由数字产业形成的集群的过程。与数字产业相比，由数字产业形成的集群在投入要素和产出方面并没有明显的不同，投入的核心生产要素都是数据，产出都是具有高度智能化特征的数字产品和服务。两者的关键差别在于由数字产业形成的集群享有由空间集聚效应所带来的竞争优势。

不过，如果这种竞争优势是由地理空间的集聚而带来的，那么就与传统产业集聚的过程类似，相关产业通过共享区域内公共资源、基础设施、劳动力市场、产品市场而逐渐降低生产成本，提高利润率，从而吸引更多企业和相关产业向区域内流动。不断进入的企业又通过与原有企业和产业的频繁沟通、交流形成知识外溢效应，由此产生相关产业在地理空间上持续集聚的良性循环，增强竞争优势，并最终形成产业集群。这种集聚效应在由数字产业形成的集群中尽管也会存在，但并不构成这种集群形成的主要动力①。

因此，数字产业的集群化过程关键在于虚拟空间集聚，即数字产业在互联网特别是在网络平台上的集聚。数字产业在某个或某几个平台上不断集聚就形成了数字产业的集群。平台资本普遍以数字平台为组织形式，由于资本集中是平台资本发展的必然趋势，平台资本之间持续进行的兼并或联合就必定会催生出规模更大的平台资本，于是就导致平台资本在平台上的集聚。在平台资本不断集中的同时，数字产业本身的特性也为数字产业在平台上的集聚提供了有利条件：一方面，数字产业以数据为核心生产要素，非竞争性、持久性、外溢性、再利用性、重组性的特征使数据的大规模集中使用比小规模分散使用的效率更高。随着平台资本的集中，数据的大规模集中使用会使大型平台资本的生产成本降低，利润率提高，这又会为大型平台资本继续扩张提供追加资本，借助于数据要素大规模集中使用所带来的正反馈效应②，平台资本扩张的速度不仅不会减缓，反而会持续加快③，这就加速了数字产业集群的形成。另一方面，数字产业的产品也以数据的形式存在，尽管在内容上区别于作为生产要素的数据，具有高度智能化的特征，但无论是智能算法本身还是由智能算法所精炼的应用程序和数据集，一旦被生产出来，其复制发送的成本接近于零。在这种情况

---

① 例如，平台企业需要有公司实体，也需要占据一定的地理空间，一些数字平台可能在某个区域集聚从而形成地理空间集群。然而，与大型实体企业相比，平台企业的员工人数和占地规模都是出了名的少（WhatsApp 以 190 亿美元的价格出售给脸书时只有 55 名员工和一栋只有 3 层的办公大楼），因此，传统的集聚效应不应当对由平台企业形成的产业集群产生特别显著的影响。

② 需要注意的是，数据并不像某些学者认为的具有边际生产率递减的特性。有些学者持这种观点是犯了将大数据同质化的错误。的确，如果数据都是同一类型的，由于具有外溢性，挖掘数据带来的边际收益会越来越小。然而，大数据的重要特征就是数据的非同质化，数据具有不同的质量、类型和维度，从不同方面反映出事物的某些特性，单是在原有数据集合的基础上增加一个维度就能使揭示出的信息量成倍增加，因此在多维大数据的情况下，数据的正反馈效应无疑是存在的。

③ 有关数据显示，在美国联邦贸易委员会（FTC）积极执行反垄断政策的大背景下，微软、亚马逊和谷歌的母公司 Alphabet 在 2021 年宣布的并购数量仍然超过了过去 10 年中的任何一年，Alphabet 在 2021 年进行了 22 笔并购，微软和亚马逊分别进行了 56 笔和 29 笔并购，并购数量都达到了历史最高水平（参见 https：//api.laoyaoba.com/n/805320）。

下，平台资本越集中，平台上集聚的数字产业越多，数字产品的销量就越大；而平台通过对数字产品的追踪、监控又能为其提供新的作为生产要素的数据，这就推动了平台资本的不断扩张，将更多数字企业和数字产业纳入其中①，加快了数字产业集群的形成。

综上所述，数字产业的集群化过程就是平台资本集中的过程在数字产业领域的反映。通过形成产业集群，协同共生的数字产业降低了生产成本，提高了利润率，增强了竞争优势，而大型平台资本的统治力量也得以不断增强。

8.2.2 传统产业的集群化、数字化过程

传统产业的集群化、数字化过程并不像一些学者认为的那样，只是传统产业集群的数字化过程，它实际上包含两层含义：一是已经集群化了的传统产业通过数字化改造加入"数字产业的集群"（以下简称"数字集群"）的过程；二是还没有集群化的传统产业在进行数字化改造的同时借助于数字集群的指导实现集群化的过程。

对于已经集群化了的传统产业而言，实际上是通过集群的数字化改造与数字产业产生经济联系，进而与数字集群一起形成完整数字产业集群的过程。这一过程涉及数字集群和传统产业集群的互动关系：一方面，数字集群以较低的成本为传统产业集群提供数字产品、数字服务和数字技术支持，推动传统产业集群进行数字化改造升级；另一方面，传统产业集群为数字集群提供办公设施、机器设备、能源电力、生活必需品等传统生产资料和生活资料。随着传统产业集群通过物联网、工业互联网、智慧农业平台、互联网服务平台接入数字集群，已经集群化了的大型数字平台的规模会进一步扩大，得益于数据要素大规模集中使用所

---

① 这种情况下，由于不同平台之间通常存在着"转换成本"，通过资本集中形成的平台生态系统会进一步加速数字产业向更具竞争优势的大平台集聚。

带来的正反馈效应，大型数字平台能够以更低的成本为传统产业集群提供更高质量的产品和服务，这又吸引了传统产业集群中更多的企业和产业接入大型数字平台，建立数字集群和传统产业集群之间的良性互动关系。当传统产业集群的数字化、智能化改造完成的时候，数字产业集群也就最终形成了。因此，传统产业集群的数字化改造过程也是大型平台资本不断向产业资本渗透的过程。产业资本与大型平台资本的联系越密切，大型平台资本掌控的产业资本运行的数据就越多，因而大型平台资本越有可能通过多维智能算法对产业资本运行的全过程进行数字化复写，构建现实产业资本运动的"数字孪生"系统。随着传统产业集群数字化改造的逐渐完成，大型平台资本对整个国民经济运行的掌控能力也日益增强①，于是平台资本就突破了数字产业这一物质运动领域的限制，获得了向任意产业拓展的能力。

由于传统产业已经实现了集群化，在传统产业集群进行数字化改造的过程中，其本身的地理空间并不会发生明显的改变。在这一过程中涉及地理空间选择问题的主要是数字集群。首先，为了更好地对传统产业集群提供支持，数字集群的地理位置就不能距离传统产业集群太远。尽管数字集群主要依靠大型数字平台这种虚拟集群为传统产业集群提供数字产品和服务，对地理位置的选择具有一定的自主性，但像售后服务、产品检修维护、产品储存保管等业务必须安排在传统产业集群附近，以便能够及时排查并解决问题。其次，数字集群本身是知识密集型产业集群，对高素质、高技能劳动力的需求量很大，因而与高校、科研院所的距离也是数字集群选址的必要考量因素。最后，支撑数字集群不断发展的数据中心对于散热的要求很高，为了节约成本和能耗，数据中心多设

---

① 随着平台资本构建起映射整个国民经济运行的"数字孪生"系统，所有的产业资本对于平台资本都再也没有秘密可言，即便是受到法律保护的专利和知识产权，平台资本也可以借助大数据和多维智能算法以"倒推"和"试错"的形式获取，而这种行为是不被法律禁止的。总之，大型平台资本对整个国民经济运行数据的掌控使其能够随意选择进出某个产业，以实现自身的最大利益。亚马逊制造平板电脑，涉足声控智能家居、新能源汽车和工业机器人领域就是大型平台资本统治力量日益增强的实例。

在具有类似喀斯特地貌这种天然具备散热降温条件的地区，这也是数字集群地理位置选择的一项影响因素。综合考虑以上几种影响因素，数字集群的位置可能不会集中于某一特定的地理空间范围内，而是根据职能部门选择集聚空间。例如，数字集群的研发部门可能在临近高校和科研院所以及交通便利的空间集聚，数据存储和运算部门可能在具有喀斯特地貌的空间集聚，售后、维修、仓储、客户服务部门可能在临近城市中心和传统产业集群的空间集聚。

对于还没有实现集群化的传统产业而言，数字化改造的过程实际上同时完成了数字化和集群化两项任务：一方面，传统产业与数字集群之间互补的经济联系推动了传统产业的数字化改造升级；另一方面，传统产业能够根据数字集群本身发展的需要选择合适的集聚空间。在这种情况下，传统产业形成集群的过程是与数字集群的发展同时进行的，与已经形成集群的传统产业相比，得益于数字集群的科学指导，这种在数字化过程中逐渐形成的传统产业集群在地理位置选择上更加合理，能够更好地规避传统产业集群中存在的污染、交通拥堵等问题，也更容易与数字集群融合形成完整的数字产业集群①。由于这种产业集群从一开始就是根据数字集群发展的需要而建立的，与已经形成集群的传统产业相比，平台资本对传统产业的渗透更加全面，支配能力也更强。

综上所述，传统产业的集群化、数字化过程是平台资本集中的过程跳出数字产业领域，向传统产业拓展的反映。通过进行数字化改造，传统产业集群逐渐融入数字集群并最终与数字集群一起形成了完整的数字产业集群，在这一过程中，平台资本突破了数字产业的物理限制，获得了向任意产业延伸的能力，平台资本对整个国民经济的统治力量空前增强。

---

① 例如，亚马逊在德国柏林附近的小城市布里斯朗设立的仓储物流园区集中了 4 000 多名工人，与先前已经在柏林近郊形成的卡车物流园相比，该园区距离柏林的地理位置恰到好处，既不是特别远，从而方便快速发货送货，也不是特别近，从而降低了房租和工资支出（参见莫里茨·奥滕立德. 数字工厂［M］. 黄瑶，译. 中国科学技术出版社，2023：45-50.）。

8.3 数字产业集群化的结果

数字产业集群化就是平台资本运动的物质领域由数字产业拓展到整个数字产业集群，是平台资本与金融资本跨界融合在物质领域的表现。平台资本与金融资本的跨界融合造成了两方面的结果：一是数字产业集群成为驱动经济增长的新引擎；二是平台资本成为资本主义的统治力量。

8.3.1 数字产业集群成为驱动经济增长的新引擎

数字产业集群将数字产业和传统产业联结为一个相互融合、协同发展的产业群体。在数字产业集群中，各企业和产业不仅围绕着创新链、产业链、人才链、数据链建立起紧密的上下游"投入-产出"联系，而且在核心大型平台的推动下相互依存、共同演化，使数字产业集群表现出高创新性、高聚合性、高融通性的典型特征，成为驱动经济增长的新引擎。

第一，高创新性。数字产业集群是现代数字技术的发源地和集聚地，得益于数据要素大规模集中使用所带来的正反馈效应，在不断迭代的智能算法加持下，数字产业集群的研发效率大大提高，原创性成果和关键核心技术不断涌现。同时，产业集群内部的强溢出效应能够将创新成果迅速扩散到各个产业，加快了不同的业务领域和产业链条的相互渗透以及创新链、产业链、人才链、数据链的深度融合，使创新成为数字产业集群的第一动力。

第二，高聚合性。数字产业集群是由地理空间和网络空间多层叠加而形成的复合体，具有强大的跨界融合效应和网络互联效应。就地理空间而言，在核心大型平台的协调组织下，特定区域内的数字产业和传统产业分工协作、高效联动，通过集聚效应以低成本、高质量的产品和服务吸引更多的企业和产业进入，形成跨界融合的良性循环。就网络空间而言，虚拟集群突破了地理位置的限制，天生就面向国际市场，不同国家和地区的数字产品和服务生产商、传统产品制造商以及消费者都能够在数字平台上集聚，开展协同制造、柔性生产、个性化定制等协作活动，形成对全球生产要素的虹吸效应。

第三，高融通性。随着平台资本的不断集中，数字产业集群通常有一批世界一流的大型平台企业持续扮演"头雁"的角色，凭借全球化视野、国际化技术研发、全球人才网络、丰富的行业经验、敏锐的行业洞察力，发挥引领、支撑和融合的作用，牵引集群内大中小企业和不同产业共生协同，以数字化促进集群内企业共享开放、构建前瞻性业务模式，使产业之间的协作更具柔性、更加精准、更有效率，不断放大集群内企业的规模经济和范围经济，形成共生共赢的利益共同体。

正是由于具有高创新性、高聚合性、高融通性的特征，数字产业集群在全球范围内成为驱动各国经济增长的新引擎。例如，2020 年，占地面积仅为 1.36 万平方公里的日本东京湾区的生产总值（GDP）占到了日本 GDP 总量的 35%[1]。2021 年，硅谷地区则以不到美国 1% 的人口，创造了美国 5% 的 GDP，其区域内上市公司的市值高达 14 万亿美元，为美国当年 GDP 总量的 60%[2]。

8.3.2　平台资本成为资本主义的统治力量

在数字产业集群化的过程中，平台资本运动的物质领域由数字产业拓展到整个数字产业集群，与金融资本跨界融合，逐渐成为资本主义的统治力量。

本书第七章已经阐明，平台资本起源于产业资本循环运动过程中新出现的数据资本。数据资本、货币资本、生产资本、商品资本分别是产业资

---

① 参见 https：//baijiahao.baidu.com/s？id=1769928719109690650&wfr=spider&for=pc。

② 参见 https：//www.163.com/dy/article/HHVVSPP90552IBJ1.html。

本运动过程中的不同资本形态，数据资本从产业资本运动中分离出来取得独立的资本形态就形成了平台资本。因此，在职能上，平台资本最初是与商品的直接生产和商品的买卖相区别的，执行的是通过数据分析对产业资本运动进行科学管理的职能。在这种情况下，凭借对数据的分析和掌控，平台资本尽管指挥了产业资本的整个运行过程，在社会总资本运动中起主导作用，但与其他职能资本还是分工协作的关系，各自执行社会分工中的特殊职能。随着资本主义的发展，资本不断集中，各种形式的资本呈现出相互融合的趋势：一方面，银行资本和工业资本相互融合，形成垄断性的金融资本；另一方面，平台资本开始跃出数字产业领域，向社会生产的各个领域全面渗透。与其他特殊形态的资本相比，由于掌握数据，特别是与劳动过程直接相关的数据，平台资本向其他资本活动领域的扩张要容易得多①。数字产业集群为平台资本的扩张提供了更为有利的条件。接入数字平台的企业和产业越多，平台资本可以搜集、储存、使用的多维异质性数据就越多，平台资本对其他产业劳动过程的了解就越深，因而越有可能借助深度学习、增强学习等智能学习算法形成映射现实产业运动的"数字孪生"系统。有了能够分析和监控现实产业运动的数字化可视系统，平台资本向社会生产各领域的全面扩张只是时间问题。在向其他产业领域扩张的过程中，通过成立自营子公司或与在位企业签订商业合作协议的方式，平台资本与商业资本和金融资本逐渐融合，形成对其他一些形式的资本的优势，成为数字时代资本主义的统治力量②。

平台资本成为资本主义的统治力量主要表现在大型数字平台高额的收益上。1993年，在全球股票市值排在前十位的公司中还能够看到银行资本

---

① 例如，得益于智能手机、智能手表、办公电脑、平板电脑等无处不在的内置传感器的设备，苹果公司可以涉足与主营业务完全不相关的汽车制造领域，利用对海量数据的掌控开发自动驾驶汽车。

② 例如，对于传统上由金融资本所独占的银行信贷领域，近年来大平台资本已经加快了渗透速度，谷歌与六家美国银行合作，推出了谷歌数字银行账户（参见 https：//m. 163. com/dy/article/FJ60L4G405198UNI. html），同时，谷歌云也与德意志银行集团达成战略合作，打造基于数字科技的新一代金融产品（参见 https：//baijiahao. baidu. com/s？id = 1671633737796599461&wfr = spider&for = pc）。亚马逊银行则为平台上的卖家提供小额贷款服务。

如汇丰银行以及工业资本如通用电气的身影，但从 2016 年以来几乎全是平台资本，苹果、谷歌、微软、亚马逊、脸书牢牢占据前五位[①]。2023 年《财富》杂志公布的数据显示，微软、苹果、谷歌的净利润率都超过了 20%，远高于传统制造业甚至投资银行的利润率[②]。在本书第七章，我们已经在自由竞争的条件下阐明平台资本要成为社会总资本中的一种独立资本形态，长期应当获得社会层面的平均利润率。然而，随着平台资本的不断集中，自由竞争的条件逐渐被破坏，平台资本不仅能够获取社会层面的平均利润，而且能够获取垄断利润。此外，平台资本的跨界融合和扩张使平台资本的收益来源更加多样，除了纯粹形态的平台资本经营利润以及垄断利润以外，还可能包含商业利润（平台资本兼营商业）、产业利润（平台资本兼营工业和农业）、利息（平台资本兼营货币金融业）以及地租（平台资本兼营不动产业或出租虚拟空间）。因此，平台资本的跨界扩张使其收益具有了多重复合收益的特征，而垄断地位会进一步放大这种多重复合收益，使平台资本在与其他特殊形态资本的竞争中优势不断增强。

平台资本的高额收益为其自身的扩张提供了条件，然而从社会整体的观点来看，这种高额收益对其他形态的资本特别是生产资本产生了明显的不利影响。由于平台资本的经营活动是非生产性的，它的收益就只能来源于社会层面总剩余价值的转移，平台资本的收益本质上只是社会收入的再分配，平台资本涉足的经营范围越广，社会总剩余价值向平台资本的转移就越多，平台的垄断地位又进一步强化了平台资本对社会总剩余价值的吸纳能力。因此，平台资本在不断集中和跨界融合的同时也从社会总剩余价值中抽取越来越多的部分，这对生产资本形成了沉重的负担，阻碍了生产资本的持续健康发展。平台资本成为资本主义的统治力量意味着食利者在资本主义社会各阶级中的优势地位越来越稳固，数字资本主义的寄生性和腐朽性越来越严重，这必定会阻碍社会生产力的进一步发展。

[①] 参见 https：//www.huxiu.com/moment/67278.html。

[②] 参见 https：//www.sohu.com/a/708999169_121388095。

9　数字经济发展的中国特色

本书第 5 章到第 8 章分别从数据资源要素化、数据要素资本化、数据资本产业化、数字产业集群化四个阶段在学理上系统阐述了数字经济作为一种社会经济形态在资本主义社会的发展过程，既从社会化大生产演变趋势层面揭示了数字经济发展的一般过程和规律，又从生产资料资本主义私有制层面展现了数字经济在资本主义社会中每一发展阶段所包含的生产力和生产关系之间的矛盾，证明了作为经济的社会形态的资本主义生产关系对作为经济形态的数字经济持续健康发展所起的阻碍作用。要在我国发展数字经济、打造具有国际竞争力的数字产业集群，使数字经济成为建立社会主义现代化强国的重要支撑，就必须具体考察数字经济发展的中国特色，着力塑造数字经济的社会主义属性，明确我国发展数字经济的基本原则，为推动数字经济和数字产业集群在我国的持续健康发展提供理论指导。本章从社会主义的根本任务、社会主义初级阶段基本经济制度、社会主义初级阶段基本分配制度、社会主义市场经济体制四个与数字经济发展阶段相对应的方面具体阐明数字经济发展的中国特色。

9.1　社会主义的根本任务

生产力是推动经济社会发展的原动力，数字经济作为一种经济形态，本身就代表了先进生产力、新质生产力。在我国，生产力更是被提到了社会主义根本任务的高度，充分体现了社会主义本质认识的中国特色。本节首先阐明生产关系对于数字经济生产力发展的意义，随后概括出发展中国特色数字经济需要遵循的生产力原则。

9.1.1　生产关系对于数字经济发展的意义

生产力是一切社会发展的最终决定力量，作为一种经济形态的数字经济，本身就属于生产力范畴，代表着先进的生产力、新质生产力。因此，数字经济的发展必将推动社会发展，引起经济的社会形态的变革。不过，数字经济作为一种经济形态，首先是在发达资本主义国家产生的，它在资本主义制度下的发展，它的资本主义应用都要遵循资本主义基本经济规律，服从于价值增值的目的。一方面，资本主义榨取更多剩余价值的需要催生了科学管理、智能算法、云计算、物联网等大数据分析和处理技术，增强了数据存储和传输能力，加快了生产自动化的步伐，客观上推动了作为经济形态的数字经济的发展；另一方面，发展生产力从来都不是资本主义生产的直接目的，只有在可以为资本带来更高利润率的情况下，能够发展生产力的技术、设备才会被采用，而随着资本不断积累趋于下降的利润率又抑制了投资，阻碍了数字经济生产力的进一步发展。此外，由于平台资本集中和跨界融合而能够获取高额收益的数字食利者又通过抽取越来越多的剩余价值加速了平均利润率的下降，加剧了资本主义对生产力发展的阻碍作用。因此，资本主义生产关系对作为一种经济形态的数字经济发展的促进作用始终依赖于利润率这个中介环节，如果利润率过低导致这个中介环节失效，那么资本主义生产关系就开始阻碍数字经济的发展了。

社会主义的根本任务是"解放和发展社会生产力"。根据马克思对人类社会发展一般规律的揭示，社会主义是比资本主义更高层次的社会制度，是在资本主义生产关系无法再适应生产力发展水平时出现的取代资本主义的经济的社会形态。换言之，社会主义能够解放出被资本主义禁锢的生产力。然而，实践中的社会主义都诞生在资本主义不发达的国家，缺乏强大的物质基础，在与资本主义的竞争中处于劣势。因此，社会主义就需要坚定不移地解放生产力、发展生产力，在与资本主义的竞争中展现出社会主义的优越性。数字经济代表着先进生产力、新质生产力，是资本主义与社会主义当前及未来展开激烈竞争的关键赛道，无疑应当成为社会主义优先发展的领域。此外，尽管社会主义也以市场作为资源配置的手段，平均利润率也会对社会主义企业的经营决策产生一定的影响，但是解放和发展生产力已经成为社会主义生产的直接目的。在涉及有利于国计民生但利润率偏低的长远重大项目，如数字基础设施体系时，社会主义就能够不受利润率的干扰建成投产①。这对充分释放数字经济的生产力有着重要意义。因此，以"解放和发展社会生产力"作为根本任务的社会主义应当促进数字经济的发展。

9.1.2　发展中国特色数字经济的生产力原则

"社会主义的根本任务是解放和发展社会生产力"，但要真正释放数字经济的生产力，使数字经济的发展充分体现社会主义性质，还需要结合社会主义的本质明确发展中国特色数字经济所要遵循的生产力原则。

（1）以人民为中心

习近平总书记明确指出："人民对美好生活的向往就是我们的奋斗目标。"② 为谁发展，是发展数字经济、打造具有国际竞争力的数字产业集群、释放数字经济生产力要解决的基本问题。我们的国家是人民当家作主的社会主义国家，党和国家一切工作的出发点和落脚点是实现好、维护好、发展好最广大人民的根本利益。

---

① 根据上海社会科学院信息研究所测算的数据，2022年，在全球50个主要国家中，中国的数字基础设施竞争力位居全球第六，高于英国、日本、法国、德国等众多发达国家，发达的数字基础设施使中国数字产业的竞争力超越美国居世界首位（参见王振、惠志斌. 全球数字经济竞争力发展报告（2022）[M]. 北京：社会科学文献出版社，2023：14-17.）。

② 中共中央党史和文献研究院. 习近平关于网络强国论述摘编 [M]. 北京：中央文献出版社，2021：30.

因此，释放数字经济的生产力要始终以人民需要为出发点和归宿，要利用数字经济的生产力为人民提供更好的产品和服务；要利用数字经济的生产力为人民提供更加舒适的生存和发展环境；要利用数字经济的生产力让人民能够面向世界获得更大的发展机会、享受更多的发展成果；要让不同地区的人民共享数字经济生产力发展的成果，逐渐消弭数字鸿沟；要让数字经济的生产力发展成果由全体人民共享，实现全体人民的共同富裕。

（2）以创新为支撑

数字经济是先进生产力、新质生产力的代表，科学技术是先进生产力、新质生产力的集中体现和主要标志，数字经济核心技术是我们最大的"命门"①。习近平总书记指出："核心技术是国之重器，最关键最核心的技术要立足自主创新、自立自强。"② 这就表明发展先进生产力必须以创新，特别是自主创新为支撑。

数字经济作为先进生产力首先产生于发达资本主义国家，随着我国国际地位的不断提升，发达国家根据《瓦森纳协定》对新技术贸易做出了严格限制，并针对我国数字技术进行了全面遏制。面对发达国家在经济和科技上占优势的压力，为了充分释放数字经济生产力，必须将发挥我国社会主义制度的优越性同掌握、运用和发展先进的数字技术结合起来，大力推动科技进步和创新，不断地用先进科技改造和提高国民经济，努力实现我国生产力发展的跨越。一方面，要"发挥我国社会主义制度优势、新型举国体制优势、超大规模市场优势，提高数字技术基础研发能力，打好关键核心技术攻坚战"③；另一方面，要完善科技创新体系，建立有利于创新成果产业化的机制和通道。

---

① 中共中央党史和文献研究院．习近平关于网络强国论述摘编［M］．北京：中央文献出版社，2021：109.
② 中共中央党史和文献研究院．习近平关于网络强国论述摘编［M］．北京：中央文献出版社，2021：110-111.
③ 习近平．不断做强做优做大我国数字经济［J］．求是，2022（2）：4-8.

（3）以改革为动力

改革是发展生产力、解决社会主要矛盾的强大动力，"进一步解放和发展社会生产力、继续充分释放全社会创造活力，要求全面深化改革"①。无论什么样的生产关系和上层建筑，都要随着生产力的发展而发展。如果生产关系和上层建筑不能适应生产力发展的要求，而成为生产力发展和进步的障碍，那就必然要发生调整和改革。我国社会主义制度的建立和不断完善，为社会生产力的解放和发展开辟了广阔的道路。但实践证明，即使一种优越的社会制度，也需要随着生产力的发展而不断发展。习近平总书记指出："三十五年来，我们用改革的办法解决了党和国家事业发展中的一系列问题。同时，在认识世界和改造世界的过程中，旧的问题解决了，新的问题又会产生，制度总是需要不断完善，因而改革不可能一蹴而就、也不可能一劳永逸。"②

数字经济作为一种先进生产力、新质生产力，必然要求有与之相适应的新型生产关系。要释放数字经济生产力，必须进一步全面深化改革，既调整和改革社会主义生产关系中不适应数字经济生产力发展要求的部分，又调整和改革社会主义上层建筑中不适应经济基础的部分。要深化经济体制、科技体制改革，着力打通束缚数字经济生产力发展的堵点卡点，建立高标准市场体系，创新生产要素配置方式，让各类先进优质生产要素向发展数字经济生产力顺畅流动，不断为数字经济生产力的解放和发展开辟更广阔的通途。

9.2　社会主义初级阶段基本经济制度

数字经济作为一种经济形态代表了社会生产力一般的发展方向，然而

---

① 中共中央文献研究院．习近平关于全面深化改革论述摘编［M］．北京：中央文献出版社，2014：5.

② 中共中央文献研究院．习近平关于全面深化改革论述摘编［M］．北京：中央文献出版社，2014：8.

现实中数字经济的发展总是在一定的、特殊的生产关系下进行的，不同的社会生产关系使数字经济表现出不同的发展趋势和规律。生产资料所有制作为最基本的、决定性的生产关系，构成全部生产关系的基础，是区分不同经济的社会形态的根本依据。因此，对不同所有制形式的考察是研究不同经济的社会形态下数字经济发展规律的基础。我国的生产资料所有制由社会主义初级阶段基本经济制度所规定，具有鲜明的中国特色。本节首先阐明所有制对于数字经济发展的意义，随后概括出发展中国特色数字经济需要遵循的数据要素的所有制原则。

9.2.1　所有制对于数字经济发展的意义

数字经济的发展总是在一定的生产关系下进行的，作为在直接生产过程中发生的劳动者与生产资料的结合方式，生产资料所有制构成了全部生产关系的基础。因此，所有制对于数字经济的发展具有重要意义。一方面，数字经济改变了劳动的技术组织形式，使数据成为新型的关键生产要素，所有制通过对劳动的社会组织形式的刻画能够揭示对数据要素的占有方式是否符合社会生产力发展的需要，并科学预测数字经济生产力发展的趋势；另一方面，所有制关系是分配关系和交换关系的基础，对数据要素的占有方式决定了数据要素收益的分配方式和数据产品的交换方式，因而决定了以数据为核心生产要素的新经济形态在特定生产关系下逐渐展开的总过程。

本书第6章在资本主义私有制的基础上详细阐述了对数据要素的资本主义私人占有所导致的数据要素资本化的过程。数据要素资本化是以数据为核心生产要素的新经济形态在资本主义制度下发展的必经阶段。一方面，数据要素资本化在事实上明确了资本家对劳动过程乃至日常生活过程中产生的一切数据的私人占有，自动将劳动者与数据这种核心生产要素剥离开来；另一方面，它又揭示了数据资本的性质和来源，为数字经济在资本主义制度下的进一步发展，即向数据资本产业化和数字产业集群化阶段演进提供了条件。因此，对数据要素的资本主义私人占有决定了数据要素的收益来源于社会总剩余价值的转移，决定了数据要素不断向少数资本家手中集中的演进趋势，决定了数字经济在资本主义制度下发展的总过程。同时，对数据要素的资本主义私人占有与数据要素非竞争性、无形性、外溢性、再利用性、重组性的特征相互矛盾，这就表明了资本主义数据所有制不适应数字经济未来发展的需要，数字经济在资本主义制度下的发展必定存在极限。

社会主义改造完成以后，我国对社会主义所有制的探索经历了一段长期而又曲折的过程，经过多次深入的讨论和反复的实践，基于对社会主义初级阶段基本国情的深刻认识，最终确立了公有制为主体、多种所有制经济共同发展的基本经济制度。在社会主义初级阶段，我国的所有制并不是单一的，而是多种所有制并存，这种所有制结构有利于进一步解放和发展生产力，进而实现共同富裕。由于作为新型、关键生产要素的数据是劳动过程和日常生活过程的副产品，其占有方式依赖于现有的所有制。因此，社会主义初级阶段的基本经济制度使依附于直接劳动过程的数据经营活动表现出不同于资本主义的特征：一是公有制经济中的劳动者是地位平等的社会成员，因而数据经营活动具有科学管理的一面，却不再具有阶级压迫的一面，以服务于解放和发展生产力为目的；二是以生产资料共同占有和平等劳动为基础的劳动过程所产生的数据为公有财产，归全民所有或劳动集体所有，收益由全民或劳动集体共享；三是非公有制经济中的数据经营活动有资本雇佣劳动的一面，数据归企业主或个体经营者所有，收益由企业主或个体经营者所得，但受到国家的引导、监督和管理；四是具有不同所有制性质的数据能够在市场上统一交换，服从利润率规律的约束，但也受到国家的控制和管理。这就表明，社会主义初级阶段的所有制结构有利于数字经济的发展。一方面，公有制为主体意味着社会经济活动中海量的数据摆脱了私人占有的限制，有利于充分释放数字经济的生产力，同时非公有制经济的存在有利于激励竞争，提高数据利用效率；另一方面，数据收益的分配方式和数据产品的交换方式与基本经济制度相适应，以释放数字经济生产力为目的。因此，在当前时期，社会主义初级阶段的所有制结构能够促进数字经济的发展，要适应数字经济未来发展的需要，还应当持续深化改革。

9.2.2　发展中国特色数字经济的数据要素所有制原则[①]

在社会主义初级阶段基本经济制度的基础上，要适应数字经济当前和未来发展的需要，还应当结合数据要素的特征以及数字时代社会生产力发展的趋势明确发展中国特色数字经济所要遵循的数据要素所有制原则。

（1）有利于数据要素的流动和扩散

数据这种生产要素具有非竞争性、外溢性、无形性、重组性、再利用性等一系列不同于传统生产要素的静态和动态特征，能够适应生产社会化进一步发展的需要，促进生产力的发展。无形性和非竞争性使得对数据要素的占有和使用不再受到物理空间和协作人数的限制：一方面，避免了生产单位内部因要素使用过于"拥挤"而造成的个体效率损失；另一方面，增加了其他生产单位的要素占有数量，提高了社会整体的生产效率。外溢性使数据要素天然具有社会属性，一组数据可能包含其他组数据的若干信息：一方面，直接建立起了不同数据分析对象之间的客观联系，节省了搜寻和匹配成本；另一方面，提供了从不同角度认识同一分析对象的渠道和途径，有利于系统、全面地挖掘"交集"数据，提高共同信息的使用价

[①] 财产，在英文（Property）、法文（Propriété）、德文（Eigentum）中是对等的词，指所有物，与英文中 Right 一词相联则指产权，即对物的财产权，原本只具有法律上的所有权的含义，并无经济内容。马克思赋予了产权以经济关系范畴的含义——所有制。不过，《马克思恩格斯全集》中文版的译者有时候根据中文表达习惯又将所有制译为"财产""所有""所有权"等。当不直接涉及由劳动过程产生的数据所有制问题时，如个人在社交平台上通过用户生成内容活动产生的数据，我们认为用所有权表达更容易被接受。因此，如果数据本身既包括劳动过程中产生的数据，又包括个人在非劳动过程中产生的数据，这种数据所有制用数据所有权表达更恰当。

值。重组性和再利用性使数据要素能够长久保持较高的利用效率，避免了单个数据集由于折旧而导致的使用价值下降：一方面，同一时期不同数据集的多样化组合为创新思想的产生提供了动力和可能，带动了同期大数据整体使用价值的提升；另一方面，原有已经得到开发利用的数据可能与新的数据和思想相结合而被挖掘出未被利用的用途和方向，从而同时增进了基于原有数据和基于新数据的创新活动的效率。总之，作为生产要素的数据天然适合生产社会化进一步发展的需要，其广泛使用能够极大地促进社会生产力的发展。

为了建立适应于数字时代社会化大生产需要的所有制结构，充分发挥先进生产关系对生产力发展的促进作用，数据要素的所有制安排必须有利于数据要素的流动和扩散，要尽量确保数据要素能够以较低的成本在全社会乃至世界范围内自由流动，并能够迅速扩散到多个生产单位，以实现数据要素的优化配置。基于上述考虑，对于由个人创造的数据①，数据要素的所有权首先不能归属于企业。尽管在当前数字经济实践中，很多国家都默认由采集、存储、处理数据的企业，特别是平台企业拥有数据，但这种所有权归属实际上背离了生产社会化进一步发展的方向。企业拥有数据尽管能够促进数据要素的汇聚，在组织内部发挥大数据提高生产率的作用，但也带来了两点明显的缺陷：一是限制了数据要素的自由流动，数据要素作为当今时代最重要的资产一旦由企业私有，在位企业便有充分的动机将数据要素的流动限定在本企业范围内，以尽可能避免其他企业在获取数据以后威胁自身的市场地位，这时尽管明晰界定了私有产权，但凭借数据要素获益的企业本身没有进行交易的动机，数据要素的流动和扩散必将受到很大的限制。二是容易产生垄断，拥有数据的企业凭借掌握大数据资产获益之后，如果能够通过阻止交易确保对大数据资产的长期持有，就可以在

---

① 劳动过程中创造的数据作为劳动过程的"副产品"，应当依据生产单位本身的所有制形式来确定数据要素的所有制，本章9.2.1节已进行说明，此处不再赘述。这里我们重点分析由个人所创造的非劳动过程中的数据。

限制竞争者进入的同时获得垄断权力，随后企业就可能滥用市场地位，根据对用户特征的了解实行差别定价，进行"大数据杀熟"。此外，个人创造的数据要素的所有权也不宜直接划归公有。公共所有权尽管能够实现数据要素大范围的流动和扩散，却有悖于市场竞争的原则。企业投入资源对数据进行采集、储存、分析和处理，应当享有使用数据要素获益的一定权利，如果强行将数据要素公有化，必定会挫伤企业收集、利用数据的积极性，造成负向激励。因此，数据要素的所有制安排对现有的所有权制度提出了新的挑战，如何设计出有利于数据要素流动和扩散的所有权制度就成为实践中亟须解决的关键难题。

（2）有利于数据要素的集中使用

在马克思主义经济学中，生产社会化有两层含义：一是社会上不同生产单位之间的经济联系日益密切，协作不断增强；二是生产单位内部对于生产资料的使用越来越集中，规模效应逐渐显现。对于传统以实物形态存在的生产要素而言，两个层面的生产社会化一定程度上会产生矛盾。这是因为，一定规模的实物生产要素在某一生产单位集中使用自然就排除了同时被社会上其他生产单位使用的可能，于是也就限制了这种生产要素在社会范围内的扩散。但是，对于数据这种生产要素而言，两个层面的生产社会化是统一的，数据要素在社会范围的普遍扩散与在生产单位内部的集中使用并不矛盾，反而能够促进数据要素使用价值最大程度地发挥作用。因此，在对数据要素进行所有权界定时，有利于数据要素的流动和扩散的原则是适应第一个层面生产社会化发展的需要，有利于数据要素的集中使用的原则是适应第二个层面生产社会化发展的需要。

数据要素的集中使用是生产社会化的必然要求。从使用价值看，分散的"颗粒化"个体数据如在线购物、浏览网页、点赞、评论等数字记录能够揭示出的信息非常有限，没有或只有很少的实际应用价值。泛在连接下所采集和积累的海量大数据才蕴含着丰富的使用价值。不同于单个分散数据揭示的偶然性信息，海量大数据能够带来三个方面的实际应用价值：一是利用先进的统计检验方法从对大样本的分析中得出规律性的结论，降低社会活动的不确定性和偶然性，提高预测精度；二是凭借发达的计算机算力在多样化的数据之间建立广泛的联系，基于相关性的大规模并行计算能够为研究和开发活动提供基础分析资料，提高创新效率；三是通过不断更新的海量数据资料优化数据算法，持续改进生产流程，促进产品和服务的迭代与质量提升。

与数据要素集中使用的原则相适应的，数据要素的所有权①归属也不应当单纯划归企业私有或完全公有。企业拥有数据所有权与两个层面的生产社会化相矛盾：一方面，企业特别是平台企业拥有数据所有权能够促进数据要素在生产单位内部的集中使用，提高经济效率和竞争力；另一方面，出于维护自身竞争优势的考虑，拥有数据要素所有权的企业有充分的动机将数据要素限制在企业内部流动而不加以交易，这就违背了有利于数据要素流动和扩散的原则。将数据要素的所有权完全划归公有固然有利于数据要素的集中使用，也有利于数据要素的流动和扩散，但在市场经济的条件下容易挫伤数据采集、储存和处理企业的积极性，进而导致可利用数据的大幅度减少，对数字经济的持续健康发展造成不利影响。因此，在现阶段如何设计出有利于数据要素集中使用的所有权制度也是一个需要仔细斟酌的问题。

（3）有利于价值规律发挥作用

在马克思主义经济学中，生产社会化是一个由低水平向高水平不断演进的过程。生产社会化的最高阶段与分工的消灭是同步的，随着个体能够掌握社会全部生产力的总和，人类社会也将进入个人自由全面发展、产品按需分配的共产主义社会。然而，在当前以及未来很长一段时间内，以专业化为基础的旧分工仍将继续存在，这就意味着市场依然会是调节社会生产、配置经济资源的主要方式。在《政治经济学批判大纲》中，马克思明确指出"交换的需要和产品向纯交换价值的转化，是同分工按同一程度发

---

① 此处讨论的还是个人产生的数据。

展的，也就是随着生产的社会性而发展的"。然而，"一切产品和活动转化为交换价值，既要以生产中人的（历史的）一切固定的依赖关系的解体为前提，又要以生产者互相间的全面依赖为前提"。这种"毫不相干的个人之间的互相的和全面的依赖，构成他们的社会联系。这种社会联系表现在交换价值上"①。市场经济中生产、交换、分配和消费活动都必须服从价值规律这一基本经济规律，以尽可能使商品生产者所耗费的劳动能够得到补偿，并使商品生产者在交换商品时实现平等互利。在数字经济时代，尽管生产社会化水平有了明显的提高，人与人之间开始实现了广泛、普遍的联系，但在智能机器还未能完成绝大多数人类劳动任务的情况下，以专业化为基础的分工体系仍然是持续提高社会生产力的关键手段，价值规律也将继续发挥调节社会劳动，配置经济资源的重要作用。因此，数据生产要素的所有权确定必须遵循有利于价值规律发挥作用的原则，通过建立适应生产社会化发展需要的数据所有权制度，实现价值规律对数据要素的生产和流通过程的全面调节。

与有利于价值规律发挥作用的原则相适应，数据要素的所有权归属同样不应单纯划归企业私有或完全公有。企业特别是具有市场地位的大型平台企业拥有数据所有权不仅不利于价值规律发挥作用，反而可能造成垄断定价。正如本书第7章所阐明的，数据作为商品只有通过大量、频繁、重复的交易才能确定其市场价格。然而，占据市场地位的大型平台企业有充分的动机阻止数据要素的出售，这就造成了两方面的问题：一方面，缺乏大量、频繁、重复的交易容易导致数据要素在市场上的定价具有偶然性；另一方面，平台企业利用市场势力进行垄断定价和差别定价，进一步阻碍了价值规律的顺利实现。将数据要素的所有权完全划归公有，由全民共用共享，固然有利于数据要素的流动、扩散和集中使用，但一方面可能挫伤数据采集、储存和处理企业的积极性，导致可交易的数据大幅度减少；另一方面也会限制交换手段的使用，致使很难准确识别出数据要素的确切市

---

① 马克思，恩格斯. 马克思恩格斯全集：第三十卷 [M]. 北京：人民出版社，1995：95-106.

场价格并实现交易双方的平等互利。因此，如何设计出有利于价值规律发挥作用的数据所有权制度对于充分释放数字经济的生产力、加快完善社会主义市场经济体制以及构建更加完善的要素市场化配置体制机制都具有重要的现实意义。

9.3　社会主义初级阶段基本分配制度

数据所有制确定了数字经济的核心生产要素——数据的占有方式，作为所有制的表现形式，收入分配制度决定数据要素的收益方式。收入分配制度直接决定了一个社会的基本利益关系及社会成员之间的利益关系，为经济发展提供激励。我国的收入分配制度由社会主义初级阶段基本分配制度所规定，是社会主义初级阶段基本经济制度的另一面，同样具有鲜明的中国特色。本节首先阐明分配制度对于数字经济发展的意义，随后概括出发展中国特色数字经济需要遵循的数据要素收益分配原则。

9.3.1　分配制度对于数字经济发展的意义

分配制度本质上与所有制是同一的，在《政治经济学批判》导言中，马克思指出："分配的结构完全决定于生产的结构，分配本身是生产的产物，不仅就对象说是如此，而且就形式说也是如此。就对象说，能分配的只是生产的成果；就形式说，参与生产的一定方式决定分配的特殊形式，决定参与分配的形式。"① 生产形式和结构的核心是所有制形式和结构，一个社会实行什么样的分配制度，与该社会的所有制相一致。因此，所有制作为社会成员对生产要素的占有方式，确定了数字经济发展的社会形态，

---

① 马克思，恩格斯. 马克思恩格斯全集：第三十卷［M］. 北京：人民出版社，1995：36.

分配制度通过厘定社会成员之间的利益关系维持、巩固这种占有方式，并为数字经济发展所需生产要素的投入提供激励。

本书第 7 章在数据要素资本主义私人占有的基础上详细阐述了数据资本从产业资本运动中分离出来形成独立的资本形态，即形成平台资本的数据资本产业化过程。平台资本作为按照资本主义生产方式独立经营的资本形态，在利润率平均化的作用下也要获得社会层面的平均利润率，资本在不同部门之间的自由流动使平台资本能够从社会总剩余价值中获得与其预付资本量相对应的一份利润。这种由资本运动规律所确定的"合理的"数据收益形式为将数据要素投入社会生产活动提供了激励。本书第 8 章进一步考察了平台资本不断集中与跨界融合所导致的数字产业集群化过程。平台资本在数字产业和其他产业的持续集中使其市场势力不断增强，在这种情况下，平台资本的收益具有了多重复合收益的特征，不仅包括平台利润，还包括商业利润、产业利润、利息和地租（空间地租和虚拟地租）以及各种形式的垄断利润。平台资本的统治地位使其不断增强对社会总剩余价值的吸纳能力，不仅激励了数据要素，也激励了其他生产要素向平台流动，这就抑制了其他资本特别是生产资本的发展，进而对数字经济发展起到了阻碍作用。因此，资本主义分配制度一方面为数据和其他生产要素向平台资本流动提供了条件，一定程度上促进了数字经济的发展；另一方面又为平台资本不断增强对社会总剩余价值的吸纳能力提供了支撑，阻碍了数字经济的持续健康发展。此外，资本主义分配制度始终是在资本逻辑下运行的，资本家相互之间是敌对的，但作为一个整体面对工人时又表现出了"兄弟般的情谊"，尽一切可能限制工人阶级工资的上涨，加剧社会贫富分化，从长远看既限制了对数字产品的有效需求，又限制了广大人民群众产生数据的经济活动，因而对数字经济的发展产生了不利影响。

社会主义初级阶段的基本经济制度是公有制为主体、多种所有制经济共同发展；与此相应，社会主义初级阶段实行按劳分配为主体、多种分配方式并存的基本分配制度。这种分配制度的内涵是按劳分配与按生产要素贡献分配相结合，价值取向是公平和效率的统一。一方面，按生产要素贡献参与分配，实际上是生产要素所有权在经济上的实现，能够激励各种生产要素参与财富创造。数据作为新型、关键生产要素根据市场供求获得要素报酬，对于吸引数据投入社会生产，释放数字经济生产力都具有积极的意义。另一方面，按劳分配是根据劳动者提供的劳动数量和质量进行分配的，体现了公有制条件下人们占有生产资料方面的平等关系以及广大劳动者的主体地位，能够调动劳动者建设社会主义的积极性。公有制经济中的数据作为公有财产投入生产过程，可以释放数字经济生产力，提高劳动生产率，增加社会财富，为劳动者绝对收入的增长提供条件，也有利于社会公平的实现。因此，在当前时期，社会主义初级阶段的基本经济制度能够促进数字经济的发展，要适应数字经济未来发展的需要，还应当继续深化改革。

9.3.2　发展中国特色数字经济的数据要素收益分配原则

在社会主义初级阶段的基本分配制度的基础上，要适应数字经济当前和未来发展的需要，还要结合社会主义初级阶段基本经济制度以及数据要素所有制原则明确发展中国特色数字经济所要遵循的数据要素收益分配原则。

（1）有利于激励数据要素参与财富创造

作为数字经济的关键生产要素，数据参与财富创造的程度直接决定了数字经济生产力得到释放的程度。与土地、劳动、机器体系等传统生产要素不同，数据要素具有非竞争性、外溢性、无形性、重组性、再利用性等一系列静态和动态特征。这些特征决定了数据要素的积累能够对财富创造产生叠加效应：一方面，数据能够在多个财富创造过程中同时发挥作用，降低社会财富的创造成本；另一方面，数据的使用能够自动生成新的数据，形成社会财富创造的内生动力。因此，数据要素投入的越多，数字经济发展的前景就越广阔。

为了充分释放数字经济的生产力，必须形成能够促进数据要素投入持续增加的分配制度。对于劳动过程中产生的数据，既定的所有制形式和结构决定了数据要素的归属，在此基础上，数据要素收益分配制度应当通过明确数据要素的收益激励数据要素所有单位尽可能多地将数据投入到社会财富创造过程中，而不是局限于本单位范围内。对于个人在日常生活中创造的数据，数据要素收益分配制度在与个人数据所有权保持一致的前提下，也应当为海量的个人数据向社会释放提供经济激励。总之，与数据要素所有制相适应的数据要素收益分配制度应当激发现存数据的活力，促进不同占有方式下积累的数据要素的充分涌流，为中国特色数字经济的发展提供源泉和动力。

（2）有利于提高劳动报酬在收入分配中的比重

数据等各种生产要素参与收入分配的体制安排，使数据、资本、技术等创造财富的活力充分迸发。但是，即便数据等非劳动生产要素对社会财富的增加作出了较大贡献，也不能因此而降低劳动报酬在收入分配中应占的比重：一方面，按劳分配为主体是社会主义初级阶段基本经济制度中公有制为主体在收入分配领域的必然要求，体现了收入分配的社会主义性质；另一方面，激励数据等非劳动生产要素参与财富创造，充分释放数字经济生产力的根本目的在于逐渐消除由生产力差别而导致的收入分配差距，最终实现共同富裕。

因此，数据要素收益分配制度应当兼顾效率和公平，在激励数据要素参与财富创造的同时也能够提高劳动报酬在收入分配中的比重。要想提高劳动报酬在收入分配中的比重，应当明确：一是保持劳动报酬增长与劳动生产率提高同步。公有制经济中的数据要素为公共财产，由全民所有或劳动集体所有，不归任何单个社会成员所有；与此相应，数据要素参与财富创造所产生的收益就应当由全民或劳动集体共享，这在数据收益分配制度上集中表现为劳动报酬增长与劳动生产率提高同步。二是准确评价劳动者的必要劳动范围。在分工还没有消亡的情况下，公有制经济中的劳动依然会是劳动者谋生的手段，而谋生的范围也就是公有制经济中必要劳动的范围。随着数字经济生产力的释放以及由此而带动的社会进步、文化发展，劳动者的必要劳动范围也会逐渐扩大，一些数字产品、数字服务成为劳动者维持生活的必需品，相应的劳动报酬就呈现出增长的趋势。

（3）有利于拓宽居民财产性收入渠道

财产性收入，通常指家庭或个人拥有的动产（如证券和存款）和不动产（如土地和房屋）所获得的收入。私人所有的财产参与收入分配所产生的收入都可以归结为财产性收入。一般来说，由劳动能力的差别所引起的收入分配差距不至于达到两极分化的程度，财产占有的差别是收入分配差距扩大的主要原因。

数据收益分配制度以数据要素所有权安排为基础。劳动过程中产生的数据所有权由既定的所有制形式和结构决定，这些数据被激励投入社会财富的创造过程，并以数据生产要素按贡献参与分配的形式获取收益，在释放数字经济生产力的同时也扩大了收入分配差距。通过提高劳动报酬在收入分配中的比重有利于提高公有制经济中劳动者的收入，在一定程度上能够缩小数据生产要素按贡献参与分配所造成的收入分配差距，但对于非公有制经济中的广大劳动者而言，如果不采取适当的措施，收入分配将出现持续扩大的趋势。因此，为了避免数字经济发展过程中可能出现的两极分化，对于个人在日常生活中创造的数据，数据要素收益分配制度在与个人数据所有权保持一致的前提下，应当能够为居民提供增加财产从而增加居民财产性收入的途径。

9.4 社会主义市场经济体制

数据要素所有制和数据要素的收益分配制度需要借助市场经济来实

现。市场经济作为资源配置的方式，是全社会资源配置的决定性调节机制。这种资源配置方式是由市场经济体制来保证的。社会主义市场经济体制是中国这个世界上最大的发展中国家经过多年探索和形成的一种新型经济体制，具有超越资本主义市场经济体制的优势和特色。本节首先阐明市场经济体制对于数字经济发展的意义，随后概括出发展中国特色数字经济需要遵循的市场原则。

9.4.1　市场经济体制对于数字经济发展的意义

在社会化大生产条件下，市场经济作为一种较优的资源配置方式，是现代社会人类文明发展的成果，并成为现代经济运行的普遍方式。市场经济本身不具有姓"资"姓"社"的性质，它既可以与生产资料私有制相结合，也可以与生产资料公有制相结合。市场经济与特定的社会经济制度相结合就形成了市场经济体制。数字经济作为社会分工演进的产物，本身就是在一定的市场经济体制下成长、发展的。因此，市场经济体制为数字经济的运行和发展提供了必要的条件。

数字经济最初是在资本主义市场经济体制下成长起来的。本书第7章在数据要素资本主义私人占有的基础上详细阐述了数据资本从产业资本运动中分离出来形成独立的平台资本形态以及平台资本市场的过程。本书第8章进一步考察了平台资本不断跨界集中所导致的数字产业集群化过程。平台资本的产生、成长和不断集中都是在资本主义市场经济体制下进行的。资本主义市场经济体制为平台资本跨界集中，从而为数字产业集群的形成提供了条件，但也制约了数字产业集群的进一步发展：一方面，数字产业集群是通过大型平台资本的不断集中，是通过大型平台资本与其他形态资本不断融合形成的，强调自由竞争的资本主义市场经济体制赋予优胜劣汰以及大企业对小企业的兼并以充分的合法性和合理性，为大型平台的扩张提供了充分的制度保障。另一方面，以大型数字平台为核心的数字产业集群强化了大型平台资本的市场势力，扩大了大型平台资本的收益来源，使大型平台资本抽取的社会总剩余价值越来越多，资本主义市场经济体制确认了这种多重复合收益的正当性。因此，资本主义市场经济体制实际上是资本运行和竞争逻辑的制度表现，不可能从根本上限制平台资本扩张。随着数字产业集群的形成，大型平台资本的无序扩张越来越严重，资本主义市场经济体制越来越成为数字经济进一步发展的障碍①。

中华人民共和国成立以后，我国对社会主义经济建设道路进行了艰辛的探索，最终明确要实行社会主义市场经济。社会主义市场经济的发展以社会主义市场经济体制作为保证。社会主义市场经济体制是对资本主义市场经济体制的积极扬弃，既体现了市场经济的普遍原则，又体现了社会主义制度的基本特征，使社会主义制度的优越性和市场经济的长处相互结合起来，共同服务于社会主义生产发展的根本目的。社会主义市场经济体制能够促进数字经济发展，特别是数字经济的高级形态——数字产业集群的发展：一方面，在发挥市场对资源配置的决定性作用的基础上，可以更好地发挥政府的作用。政府不仅能够总揽全局，协调各方因素，为数字产业集群的形成提供高质量的基础设施体系，还能够通过产业政策和财政政策支持某些龙头企业和产业的发展，培育数字产业集群的国际竞争优势，加快数字产业集群的成长。另一方面，社会主义市场经济体制用社会主义原则推动市场经济发展，本质上是社会主义运行和发展逻辑的制度表现，因而能够从根本上维护广大人民群众的利益，遏制数字产业集群形成过程中出现的平台垄断、滥用市场势力、大型平台资本无序扩张等妨碍公平竞争的行为，维护良好的市场秩序。

---

① 例如，美国联邦上诉法院法官、法经济学领域的权威专家、芝加哥大学法学院教授理查德·波斯纳就明确指出，在资本主义市场经济体制下，对具有市场势力的大型企业特别是美国在线服务公司和亚马逊等数字巨头所进行的一系列反垄断和监管政策并没有取得实质性效果（参见 Posner R A. Antitrust law ［M］. Chicago：The University of Chicago Press，2019：245-256.）。

9.4.2 发展中国特色数字经济的市场原则

在社会主义市场经济体制的基础上，要适应数字经济当前和未来发展的需要，还要结合社会主义初级阶段基本经济制度以及数字产业集群的发展实践明确发展中国特色数字经济所要遵循的市场原则。

（1）有利于打造统一开放的市场体系

所谓市场体系，是指相互联系、相互补充的各级各类市场的总和。社会主义市场经济体系必然是开放型经济体系：只有成为一个开放式系统，才能不断与外界进行物质、信息和能量的交换，才能使社会主义市场经济不断发展壮大，而国内统一非区域分割的市场又是开放的前提。因此，市场充分配置资源就要求各类生产要素和产品都能够进入市场，形成比较完备的统一开放的市场体系。

数字经济的持续、健康发展必然要求有与其相适应的统一开放的市场体系。一方面，数据要素和数字产品具有非竞争性、外溢性、无形性、重组性、再利用性等静态和动态特征，其使用范围不限于任何特定的地理区域，这就使得数据要素和数字产品市场天生就具备大规模集中交易和跨境交易的特性；另一方面，数据要素和数字产品市场是无法实现自我循环的，需要与其他生产要素和产品市场进行频繁的物质、信息和能量交换，在交换过程中逐渐将统一开放的内在要求传播到其他生产要素和产品市场中，推动整个市场体系走向统一开放。此外，数字产业集群的形成和发展对统一开放的市场体系提出了更高的要求。数字产业集群要具有国际竞争优势，就不仅需要有国内统一、国际开放的市场体系作为保障，还应当能够借助统一开放的市场体系对世界各国施加影响。具有国际竞争优势的数字产业集群能够通过积极参与乃至主导国际数字贸易规则的制定，发挥协调全球各方利益的作用，从而进一步巩固和加强国际竞争优势，这就要求统一开放的市场体系在世界市场体系中也应当是更为成熟、更加完善、更具影响力的。

（2）有利于建立公平竞争的市场秩序

社会主义市场经济是竞争性经济，是经济主体围绕利益关系、以获取收益最大化为目标进行竞争的经济。但是，竞争不是没有秩序和底线的，必须公正平等，否则市场经济就会陷入混乱的无序状态，无法发挥有效配置资源的作用。公平竞争的市场秩序主要体现在三个方面：一是禁止不正当竞争行为，即禁止经营者采用欺骗、胁迫、利诱以及其他违背正当竞争准则的手段从事市场交易，损害竞争对手的利益；二是禁止不公平竞争，即禁止经营者滥用市场优势地位和市场权力，妨碍公平竞争，损害竞争对手的利益；三是禁止垄断行为，即禁止经营者通过独占、兼并、独家交易等形式来全面、长久地排斥竞争对手，独占和支配市场。

由于具有非竞争性、外溢性、无形性、重组性、再利用性等特征，数据要素天生适合于大规模集中使用。因此，在数字经济发展过程中，大型数字平台企业很容易产生违背公平竞争的市场秩序的行为。例如，大型平台企业利用对海量用户数据的掌控进行大数据杀熟、差别定价；利用市场优势地位强迫用户二选一或通过智能算法进行数字串谋以及通过独占数据和专利，凭借对知识产权的垄断排斥竞争对手。数字经济在资本主义社会的发展已经表明，平台资本会持续集中并进行跨界融合，不断增强自己的统治地位，数字产业集群就是大型平台资本集中和跨界融合的结果。随着大型平台资本统治地位的确立，公平竞争的市场秩序就会被破坏，取而代之的是平台资本凭借优势地位从社会总剩余价值中抽取越来越大的份额。由于资本主义市场秩序就是弱肉强食的资本竞争秩序，资本主义社会无法从根本上限制平台资本的垄断力量。社会主义市场经济奉行公平竞争的市场秩序而非自由竞争的资本秩序，旨在保障各类市场主体公平参与竞争的权利，因而在数字经济发展过程中必然要防止平台垄断和平台资本无序扩张，保护广大人民群众的合法权益，持续优化公平竞争的市场环境。

10 发展数字经济、打造具有国际竞争力的数字产业集群的政策建议

基于数字经济发展的一般理论分析框架对发展数字经济、打造具有国际竞争力的数字产业集群进行的系统性学理分析表明：数字经济的发展要经过数据资源要素化、数据要素资本化、数据资本产业化、数字产业集群化四个阶段，数字产业集群是数字经济发展的高级形态。然而，随着数字经济由低级向高级阶段不断演进，资本主义制度对数字经济发展的阻碍作用也日益明显。与之不同的是，中国共产党和中国人民在长期的探索和实践中，开辟和拓展了中国特色社会主义道路，形成和发展了中国特色社会主义理论体系，建立和完善了中国特色社会主义制度，使我国在数字经济发展的每一个阶段都表现出了鲜明的中国特色和美好的发展前景。以数字经济发展的时代特色、中国特色为基础，本书第9章详细阐明了我国发展数字经济、打造具有国际竞争力的数字产业集群应当遵循的各项基本原则。本章依据这些基本原则从夯实数字经济发展的生产力基础、构建开放包容的数据要素所有权体系、建立公平与效率相统一的数据要素收益分配制度、完善适应数字产业集群发展的市场经济体制等与数字经济发展阶段相对应的四个层面对我国发展数字经济、打造具有国际竞争力的数字产业集群提出切实可行的政策建议。

10.1 夯实数字经济发展的生产力基础

数字经济本身就代表着先进生产力、新质生产力，但这种先进、新质

的生产力也是在现有生产力基础上发展起来的，数据资源要素化阶段就是数字经济发展所需的生产力基础不断完善的阶段。因此，要发展数字经济、打造具有国际竞争力的数字产业集群，首先必须夯实数字经济发展的生产力基础。

10.1.1 建设全球领先的数字基础设施，发展先进的数字技术产业

数字基础设施是发展数字经济、打造具有国际竞争力的数字产业集群的重要基础和先决条件。若要缩小与发达国家的差距，增强我国数字经济的竞争力，必须积极打造全球领先的数字基础设施，具体如下：

第一，要加快高速宽带网络的建设，5G 方兴未艾，6G 蓄势待发，在开展大量研发试验的基础上，参照 5G 网络建设和发展的经验，主导形成 6G 全球统一标准，力争在全球率先部署 6G 网络。

第二，要顺应各行业各领域数字化转型以及数字产业集群发展的需求，超前部署云计算数据中心、超算中心、物联网、工业互联网等大规模数字基础设施，积极发展卫星通信等空间互联网前沿技术，建设覆盖全球的空间信息系统。

第三，要发挥宽带网络等数字通信基础设施在脱贫攻坚中的作用，通过加快农村及偏远地区数字基础设施建设全覆盖，缩小数字鸿沟，让全国人民共享数字经济的发展成果。

数字技术产业是数字经济发展的先导，对发展数字经济、打造具有国际竞争力的数字产业集群具有火车头式的带动作用。首先，要发挥我国数字技术产业体系完备、规模庞大，技术创新能力大幅提升的优势，抓住第四次产业革命换道超车与跨越式发展的机遇，构建具有国际竞争力的数字技术产业生态体系，抢占数字产业全球价值链高端与主导权，为经济转型升级提供强大的动力支持和技术保障；其次，要强化基础研究和前沿布局，通过自主创新，重点突破和国计民生相关的战略技术与数字经济长远

发展的"卡脖子"技术，特别是在量子技术、人工智能、未来网络、虚拟现实、元宇宙等前沿技术领域实现率先突破，并带动核心高端芯片、集成电路等薄弱环节实现群体性突破，构建安全可控和世界领先的数字技术体系，抢占世界数字经济发展制高点；最后，发挥我国在大数据、云计算、物联网、区块链、人工智能等领域的比较优势与全球领先地位，构建数字"一带一路"，不断深化数字技术的国际合作与布局。

10.1.2 减少数字技术对就业的冲击，促进生产力发展成果全民共享

数字技术对劳动力市场造成的结构性失业冲击，不仅关系到一国数字鸿沟与贫富差距问题的解决，甚至会影响到一国整体的数字经济发展水平。基于以人民为中心的生产力发展原则：首先，政府要与各方合作，开展面向全民的数字素养教育，特别是针对下岗失业、残疾人员等不适合固定场所就业的特定人群，可以通过提供相应的数字素养培训和职业技能培训，协助其向数字经济领域转岗就业；其次，要全面强化学校的数字素养与数字技术教育，在中小学各阶段开设网络和计算机基础知识、基本技能、人工智能、程序开发等课程，使数字素养成为年青一代的必备素质，在大学开设各种与数字技能相关的校企共建课程，通过举办各种技能竞赛、创业集训营等方式培养数字技术高端人才；再次，借助数字技术打造各种就业、创业平台，持续降低创新创业的门槛和成本，支持众创、众包、众筹等多种创新创业模式，形成各类主体平等参与、广泛参与、主动参与的创新创业局面，为社会创造更多兼职就业、灵活就业、弹性就业机会，增强劳动者在数字经济发展中的适应性与创新性，化解数字经济对就业的结构性冲击；最后，推进移动互联网、人工智能、大数据等数字技术在养老、医疗保障等社会保障领域的广泛应用，加快建立并完善适应数字经济发展的用工和劳动保障制度，加大对弱势群体的扶持力度，为个人参与数字经济活动保驾护航，促进数字经济发展的成果由全民共享。

10.1.3 及时进行组织管理变革，推动数字技术和数字经济基础理论研究

数字基础设施和数字技术在任何一个行业或企业的应用都必然需要相应的组织管理变革与之配套，在数字经济和社会形态下，生产方式的数字化，必然要求生产组织管理方式的数字化与之相协调，才能够更加灵活地响应消费者的需求，更加科学地采集、储存、分析、应用数据，更加充分地释放数字经济生产力。首先，政府要简政放权，优化政府部门业务流程和组织结构，努力建设数字政府，并根据数字经济不同阶段的发展特点加大力度制定前瞻性的政策鼓励企业数字技术研发与创新，为其创新发展提供政策与制度上的便利，尽快实现数字关键、核心技术的自立自强；其次，数字技术日新月异，相应的商业模式、运营模式也层出不穷，不同类型的企业要结合自身数字化转型的优势与劣势，选择合适的数字化技术路线，做好企业的组织、管理、流程数字化转型，并将数字技术积极应用于管理体系当中，实现更大的突破与创新；最后，对于高校与科研院所而言，要及时了解数字化转型过程中科学技术和组织管理变革的相关知识和理念，并在政府引导下，积极开展数字技术基础研究，加强科技创新合作，推动协同创新，打好关键核心技术攻坚战；积极开展数字经济基础理论研究，探索数字经济基本理论与规律，建立适应数字经济发展需要的GDP统计与核算体系，为促进数字经济社会创新发展提供科学的理论指导，为解决数字经济发展实践中出现的法律、道德与伦理等问题扫清障碍。

10.2 构建开放包容的数据要素所有权体系

数字经济作为一种经济形态代表了社会生产力发展的一般方向。然

而，现实中数字经济的发展总是在一定的、特殊的经济的社会形态下进行的，不同的经济的社会形态使数字经济表现出不同的发展趋势和规律。生产资料所有制作为最基本的、决定性的生产关系，构成全部生产关系的基础，是区分不同经济的社会形态的根本依据。数据要素资本化阶段就是对数据要素的资本主义私人占有不断巩固和强化的阶段。与生产资料资本主义私有制不同，我国实行的是更为复杂的公有制为主体、多种所有制经济共同发展的所有制结构。在这种所有制结构下，要发展数字经济、打造具有国际竞争力的数字产业集群必须构建开放包容的数据要素所有权体系，解决好数据要素的确权问题。

10.2.1　确定原生数据分类确权的数据要素所有权

基于不同的数据生成方式，原生数据可分为单位原生数据和个人原生数据两大类。单位原生数据是在组织中生成的数据，个人原生数据是个人在日常生活中生成的数据。单位原生数据又可以进一步分为商业原生数据和公共原生数据。商业原生数据是从事经济活动的各类组织运行过程中生成的数据，公共原生数据是各级党政机关和事业单位在公共管理与公共服务过程中生成的数据。由于公共原生数据往往包含国防、公共安全等信息，其所有权的确定不仅会受到经济规律的影响，更包含国家安全和公共安全的特殊考量，因此我们的研究只限于商业原生数据和个人原生数据。

商业原生数据都是在具有一定所有制形式的商业组织中产生的，本质上是商业组织生产经营活动的副产品。因此，商业原生数据的所有权应当与商业组织本身的所有制形式保持一致，否则就会与我国公有制为主体、多种所有制经济共同发展的社会主义初级阶段基本经济制度相矛盾。具体而言，公有制经济中的商业原生数据归全民（国有经济）或劳动集体（集体经济）所有，非公有制经济中的商业原生数据归企业（民营经济和外资经济）或个人（个体经济）所有。不过，尽管商业原生数据的所有权与商业组织的所有制形式保持一致，由于经营活动始终要通过劳动者来完成，这些原生数据中必定也会包含个人信息，商业组织在持有和使用商业原生数据时仍需确保个人的隐私不受侵犯。

个人原生数据与所有制形式和结构无关，本质上是个人日常生活的副产品，具有财产与人格利益的二重属性。因此，需要构造一个兼具人格权与财产权的权利束，以保护个人原生数据权利。在初始阶段，无论从法理上还是从功利的角度看，用户个人都应当享有数据权利。这里，数据权利包括类似隐私权的数据人格权和类似所有权的财产权益。数据人格权确保了用户个人的隐私和尊严不受侵犯，数据财产权反映了用户对个人信息的绝对控制。对这种包含两种数据权利的权利束而言，用户个人数据权利的重点体现在个人对其数据的控制上；与此相应，构建个人原生数据要素所有权的关键就在于如何设置知情同意权。具体来说，用户知情同意应当作为企业和其他组织收集数据的起点，在立法中必须给予用户个人数据修改权、自由访问权、限制处理权、拒绝权、可携带权以及被遗忘权，以充分保障用户对其数据的实际控制。这项规定使企业在数据清洗前对收集的个人数据的控制权依赖于用户，只有用户才能根据自己的意志对数据财产加以管控，在这种情况下，个人享有原生数据的所有权。

与数据要素的资本主义私人占有相比，原生数据分类确权的数据要素所有权结构具有三个方面的优势：一是有利于数据要素的流动和扩散。在数据的获取、处理和使用都依赖于先进的数字技术基础设施的情况下，用户个人拥有的"颗粒化"数据通常不能直接作为生产要素投入生产过程，而是需要出售给专门从事数据经营的企业，由这些企业进行大规模的处理和应用。由于数据要素具有非竞争性，即便是具有数据处理和分析能力的商业组织，在自身利用原生数据的同时也能够将数据出售给其他企业使用，数据所有者可以选择将数据出售给不同的企业，这就促进了数据的大范围流动和扩散。二是有利于保护用户个人隐私。在个人隐私保护的问题上，对于什么信息会涉及个人隐私，个人数据在多大程度上可以被企业占有和使用等争执不断的话题，作为原始数据来源的个人最有发言权。将个人原生数据要素的所有权划归用户也就意味着将希望出售什么类型的数据、出售多少数据以及出售数据应得多少报酬的权利直接授予了用户个人，用户可以根据个人生产生活的具体情况，按照令自己最满意的隐私保护标准出售数据，这种标准也为商业原生数据中的个人隐私保护提供了参照。三是有利于价值规律发挥作用。数据在进行大规模集中使用之前首先需要经过个人和组织出售给数据经营企业或其他中间商，由于数据所有者可以选择将数据出售给多个企业，而企业或其他中间商也可以从许多不同的数据所有者那里购买数据，市场上将会出现大范围的重复交易，这种通过竞争进行的普遍交换有利于明确数据要素的市场价格，从而确保了数据要素交易活动服从价值规律的基本要求。综上所述，原生数据分类确权的数据要素所有权结构在保护个人隐私的同时有效协调了多方利益诉求，具有较高的实际应用价值。

10.2.2　确定用权和限权相结合的数据要素使用权

将数据所有者对数据要素的控制权放入整个数据产业链中，我们发现，数据所有权的控制效力因产业链的不同阶段而有所区别，其区别在于不同类型的数据产权人以自己的意志直接对特定数据财产进行采集、占有、使用、收益和处分能力的强弱。在数据产生阶段，商业组织和个人对数据享有完全的所有权和控制权。在数据使用阶段，不同类型的使用者对数据的控制程度并不相同。数据所有者依然享有对数据的完全控制权，可以将个人拥有的数据集进行多次买卖，除数据所有者之外的其他使用者享有对数据的占有权、使用权和收益权等有限支配权利，但作为数据交易的买方不得将购买的数据再次上架销售。数据买卖实质上是一种许可使用的行为，数据所有者对数据产权具有完全的占有、使用、收益、处分的权能，而除所有者之外的其他使用者则不具备处分权能。具体而言，以大规模集中使用数据的平台组织为例，平台企业在采集和获取数据之前需要取得数据所有者的同意和授权，同时应当遵循合法原则、正当原则（主要体现在企业获得数据要素所有者的明确同意）、必要原则（体现在企业收集数据要素所有者的信息不能永无止境，应当遵守最少够用的标准），在对数据进行清洗、加工、处理之后，只能在征得原数据所有者同意的情况下才可以将已经加工的数据的使用权许可给其他使用者，而不得以任何形式直接转售数据。数据要素所有者本身则不受此限制，可以完全根据自己的意志将原始数据同时出售给任何使用者。

与数据要素的资本主义私人占有相比，在保证了数据要素的所有者能够获益的同时，用权和限权相结合的数据要素使用权具有三个方面的优势：一是有利于数据要素的集中使用。数据要素的所有者通常并不掌握获取、处理和使用大数据的全部先进数字技术基础设施，其本人只能对数据进行零星、分散的使用，将数据要素的用益权归属数据经营企业等专业的数据处理者能够使分散在个别所有者手中的"颗粒化"、"碎片化"和"专用化"数据汇聚于大型数据经营企业内部，便于数据处理者对海量的数据进行集中使用，以充分发挥大数据降低不确定性、提高预测精度、改进生产流程、增强创新效率的积极作用，促进数字时代社会生产力的持续进步。二是有利于防止数据垄断。对于传统生产要素而言，要素集中使用在促进大规模生产的同时也会带来垄断的隐患，从而影响社会福利的改进。但得益于非竞争性和再利用性的特征，数据要素的集中使用并不必然导致垄断①。将数据要素的所有权划归商业组织和用户个人，用益权划归数据经营企业等数据处理者在促进数据要素集中使用的同时也可以增强竞争。由于商业组织和用户个人拥有数据的所有权，他们可以将同样的数据

---

① 有一些研究者持有数据要素集中使用必然导致垄断的观点，并以当前世界范围内数字巨头的快速扩张以及"大数据杀熟"的事实加以佐证。实际上，这种观点与其说关注生产要素集中造成的垄断，不如说强调企业私有产权造成的垄断。因为一旦数据要素的产权划归公有或数量众多的个人所有，该观点的理论逻辑便不再成立。

出售给不同的使用者，并可以适时收回那些不合理利用数据的数据经营者对于个体数据的使用权①。实际上，这种重复多次的交易便利了数据要素在社会范围内的流动和扩散，促进了数据处理者之间的竞争，有效地防止了垄断。三是有利于市场机制和价值规律发挥作用。首先，将数据要素的用益权归属数据经营企业等数据处理者所带来的大量重复交易使同一商品的交换不再是一时的现象，这就避免了交易的偶然性。其次，就交换的数据而言，当期由原发者提供的数据要素数量是既定的，交易按照使用者本身的需求进行，使得买卖双方能够按照大体符合彼此需要的数量进行下一期的生产规划。最后，对于垄断的抑制使得任何组织都很难通过对数据要素或数字产品的低价买入、高价卖出获得垄断利润，从而确保了买卖双方的公平竞争。

此外，在这种所有权和使用权分离的数据要素所有权结构下，数据经营企业等数据处理者在因经营需要转让数据时不能直接转让从数据要素所有者手中购买的原始数据，否则将会侵犯数据所有者对于数据要素的所有权。数据经营企业所转让的只能是经过脱敏、归类、分析、精炼之后体现了企业附加工作的数据集合。这样，数据需求方在市场上既可以直接从数据所有者手中购买未经加工的原始数据，也可以从数据处理者手中购买经过分析整理的数据集，进一步促进了数据提供者之间的竞争以及公平市场价格的实现。总之，数据要素的使用权归属数据经营企业等数据处理者的所有权安排适应了数字时代生产社会化发展的客观需要，为未来在社会生产力高度发展的基础上重建个人所有制创造了条件。

① 有学者担心数据要素的多次重复出售可能使企业无利可图，从而阻碍创新。事实上，用益权分别授予不同的数据使用者并不会影响创新激励。我们强调的是数据这一生产要素本身的可重复出售性，而并非利用数据所优化的算法和数字技术的重复出售性。从技术经济学的角度来说，使用数据的企业其技术创新的关键在于通过大规模不断更新的数据改善数字算法程序，这种对数据结构的原创性贡献仍然是属于企业的，而不属于数据要素的所有者。本书关注的是企业不能仅仅凭借对数据要素的排他性占有而获得垄断势力，并不反对企业因其对数据结构的创新而获得竞争优势。

10.3 建立公平与效率相统一的数据要素收益分配制度

分配关系本质上和生产关系是同一的,是生产关系的另一面。在数字经济发展过程中,数据资本产业化环节就是数据要素资本化环节在分配上的体现,数据资本通过从产业资本循环运动中分离出来,取得一种独立的资本形态,在平均利润率规律的作用下,就获得了从社会总剩余价值中抽取特定份额的合法性权利。不同于资本主义经济的社会形态下对数据要素的资本主义私人占有,我国需要构建的是开放包容的数据要素所有权体系;与此相应,要发展数字经济、打造具有国际竞争力的数字产业集群就必须建立公平与效率相统一的数据要素收益分配制度,解决好数据要素的收益分配问题。

10.3.1 明确惠及产业链所有主体的数据要素合法收益权

长期以来,数据要素的收益权都是主要由数据经营企业享有的。企业获得经济利益的依据在于其行使了对数据要素的使用权。数据经营企业如数字平台一方面为数据的采集、归类、储存、传输提供了数字化设备和简单劳动;另一方面也为数据的分析和处理提供了极为复杂的脑力劳动,进而提高了数据要素的附加值。因此,企业自然有权从数据要素的收益中获取应得的一部分。但是,除了数据经营企业享有对数据要素的收益权以外,拥有原始数据权的数据要素所有者也应当参与分享数据红利。数字经济的发展是建立在原生数据信息基础之上的,数据所有者作为数据要素的源头,天然应该具有处置其数据的决定权以及获取收益的权利,而不能在数据产业链上只谈贡献却毫无收获,反而还要时时受到诸如"大数据杀熟""千人千价""个人隐私泄露"等数据滥用带来的侵害。不过,由于个体数据要素所有者的数据持有量较少，使用价值较低，仅靠货币来体现这种价值可能会大大提高交易成本，短期看可操作性不强；而且，在还没有完善的数据交易市场的情况下，商业组织出售数据所得的货币收益也很难与数据的真实市场价格保持一致，这都将不利于当前数字经济的快速发展。实践中可以暂时用其他方式作为支付手段实现个人的数据要素收益。例如，数据经营企业可以对那些许可企业转让数据使用权的用户提供一些根据自身需要使用部分大数据的增值服务，使用户不仅能够通过提供数据获取一定的货币收益，还能够利用"积少成多"的大数据获得提升自己的能力，从而确保了个人真正与数据经营企业一起共享数字经济发展带来的红利。当然，随着完善的数据交易市场的建立，个人和商业组织合法的数据收益都可以通过货币来实现。

产业链所有主体共享的数据要素收益权需要通过法律和技术手段加以保障：一方面，要从法律层面对数据要素所有权和收益权进行明确的分类和界定，对数据侵权和盗用行为给予处罚，为数据要素所有者获取应有的报酬提供充分的法律支撑。同时，探索实行数据要素生产主体与交易主体登记管理和备案制度，为数据要素市场相关产业状况统计、主体追责问责、优惠主体认定和数据生产要素存量、增量和交易量提供查询和统计依据。另一方面，积极利用新一代数字加密技术确定初始数据所有者，对数据要素所有权进行实时追踪保护，让数据要素和数字商品的完整交换流通过程都能够清晰透明地展现出来，从而使数据要素参与到收益分配的过程中。在这种法律和技术环境下，为了鼓励市场主体积极参与数据要素流通，可以考虑搭建数据要素合规准入公共平台，以数据分级制度为核心，以主体承诺制为前置条件，以区块链上链存证的数据准入公证审查机制为保障，通过提供"原始数据出生证明""数据知情授权同意书"等具备法律效力的文件明确其使用、收益和参与数据流通的权利。这样，数据要素所有者在数据价值实现过程中的合法权益将得到更好的保护，因而能够充分激发数据生产者和经营者的创新热情，而普通民众由此也可以充分享受数字经济发展带来的便捷。通过法律和技术手段明确数据要素的来源，追踪数据要素的价值实现过程，维护数据所有者的合法权益，既有利于人民群众幸福感的提升和生活质量的改善，也有利于促进我国收入分配结构的进一步完善。

10.3.2　完善数据要素由市场评价贡献、按贡献决定报酬机制

数据要素按贡献参与分配，实际上是数据要素所有权在经济上的实现，在市场配置资源的条件下，数据要素的贡献只能由市场来评价。数据要素非竞争性、外溢性、无形性特征带来的规模经济和范围经济，使大规模集中使用数据的平台企业很容易形成自然垄断，占据市场优势地位，影响公平竞争，阻碍价值规律的实现。建立公平与效率相统一的数据要素收益分配制度必须努力完善数据要素由市场评价贡献、按贡献决定报酬的机制。

第一，推动完整统一的数据要素市场的建立。市场基于价格、供求、竞争等机制配置数据要素的前提是公开、公正、活跃的数据要素交易市场。由于统一数据要素市场的构建具有很强的外部性，任何个人、地方政府或平台企业都不愿投入过多的人力、物力和财力资源，因此特别需要国家的顶层设计作为保障：一是要根据用户的需求特征科学规划分层的异质性数据交易平台，丰富可交易的数据产品的种类；二是要为不同平台采集、储存、传输和应用数据规定一致的标准，促进数据要素在统一市场上的自由流动；三是要尽快打造数据交易市场的问责机制和声誉机制，避免数据交易过程中发生逆向选择和道德风险问题，规范市场行为。

第二，规范各种数据进入交易市场的方式。数据要素的异质性很强，从主体、行业、数量、质量、应用的角度又可分为多种不同的类型，为促进各类数据要素有序进入市场，就需要进一步细化和明确数据的分类分级，根据数据的不同特征，确定数据要素进入市场的模式。在市场中交易

的大部分数据都是由平台企业、商业组织或个体用户的经营活动所生成的增值数据，得益于其重组性和再利用性的特征，具有很高的使用价值。如果产权清晰、激励机制合理，他们便有强烈的动机进入市场，开展交易。但是，数据要素天生的非竞争性、外溢性以及自然垄断性的特征，又容易导致要素市场机制的失灵现象，因此监管者必须采取合理的纠正措施，维护数据要素市场的充分竞争，使得营利性数据要素可以以平等有效的方式在市场中展开交易。

第三，创新数据要素价格的市场化机制。在一个充满竞争性的要素市场中，要素的稀缺性和质量信号能够比较客观地反映在要素价格中。但数据要素市场具有信息双向不对称性，数据需求方很难提前得知标的数据的质量、结构和可用性等信息；数据供给方也很难掌握需求方使用场景的全部信息，因此数据要素市场的价格机制可能受到阻碍。此外，数据在价值形成中的不确定性和反复使用的特征，使得事前静态的评价机制无法带来客观的贡献分割标准。为了尽可能降低市场交易中的不确定性，使数据要素的交易价格贴近其市场价格，必须创新数据要素价格市场化形成机制：一方面，根据部分数据能够作为体验品的特征，可以探索突破单一价格体系的机制。数据供给方可以通过二元定价的方式，将数据产品分割为体验型和完整型。需求方可以通过较低的价格购买体验型数据，通过阅读、检索、逻辑推理的方式掌握目标数据的部分信息。在需求方通过体验型产品掌握部分数据信息之后，买卖双方可以根据完整型的数据产品就价格进一步磋商。另一方面，针对数据作为通用生产要素能够参与多种生产活动的特征，可以通过共享价格体系设计，采取事后收益共享的措施。总之，需要针对数据要素的不同特征，采取动态的、创新的市场价格形成机制。

10.3.3　健全保障公平的数据要素收益分配机制

数据要素由市场评价贡献、按贡献决定报酬的机制能够激励数据要素投入到财富创造的过程中来实现分配的效率，但也会导致收入差距的扩大，从而影响分配的公平。建立公平与效率相统一的数据要素收益分配制度还必须努力健全保障公平的数据要素收益分配机制。

第一，提升数据要素价值链劳动者的报酬。企业的投入产出是收入分配的核心环节，在市场机制主导下择优配置各类生产要素投入并组织协调生产活动，其支付的个人报酬所得、生产税和进口税、税后净营业盈余分别成为个人、国家和企业的初次分配收入。企业应面向数据采集、储存、清洗、标注、整理、分析、技术等的主要贡献者和劳动者，采取一次性和中长期奖励相结合的激励机制，如采用利润或项目提成、特殊津贴、一次性奖励、员工持股计划、数据技术入股等方式，提升数据技术劳动者的收入分配水平。此外，还应当确保劳动报酬的增长能够与劳动生产率的提高同步，让数据要素参与财富创造带来的生产率红利惠及广大劳动者。

第二，创新居民个人数据资本化运营模式。居民个人数据资本化运营的核心在于允许居民通过出让数据使用权获得财产性收益，是数据作为居民个人的私有财产参与收入分配所产生的收入。应当积极探索构建数据证券化、数据质押融资和数据信托等制度模式。在数据质押模式下，居民个人在日常生活中产生的真实数据向银行质押使用；反过来，银行以质押数据的真实价值和隐含风险评估作为对贷款主体风险评估的参考，并向该居民提供相应额度的贷款。数据信托则是居民作为数据委托方将其占有的数据资产提供给运营方，数据受托运营方按照委托意愿对特定数据资产进行增值化运营，并向委托方进行相应的收益分配。同时，居民作为数据委托方也可以将信托受益权转让给投资者，通过现金对价方式获得相应的变现收益。

10.4 完善适应数字产业集群发展的市场经济体制

开放包容的数据要素所有权体系和公平与效率相统一的数据要素收益

分配制度为我国数字经济的持续、健康发展提供了基本的制度保障。本书第8章已经阐明，数字产业集群作为数字经济发展的高级形态，既涉及数字产业又涉及传统产业，还涉及各类产业在特定空间（物理空间和虚拟空间）的集聚，在经济运行层面对有效市场和有为政府都提出了更高的要求。要发展数字经济、打造具有国际竞争力的数字产业集群就必须完善适应数字产业集群发展的市场经济体制，在发挥市场决定资源配置作用的同时更好地发挥政府的作用。

10.4.1 加强顶层设计，促进数据开放共享

当前在数字经济发展中还存在一些"数据孤岛"现象，这很大程度上是各地数据标准和治理框架不一致所导致的。"数据孤岛"不仅造成了数据在各企业、各产业、各区域、各产业集群之间的封闭性不平衡积累，也容易产生垄断，妨碍统一市场和公平竞争。因此，必须加强顶层设计，采取适当的治理措施，努力打通"数据孤岛"，促进数据的开放共享。

第一，提升各方对数据要素开放共享的认识。作为新鲜事物，数据生产要素的很多特征及其对社会生产力的促进作用目前还没有被大众所熟知。从政府公共管理的角度来看，数据可以让数字产业集群内政府治理与决策更加精细化、科学化、民主化，可以帮助政府与民众的沟通建立在科学的数据分析之上，优化公共服务流程，简化公共服务步骤，提升公共服务质量。数据要素的开放共享能够为区位规划、交通管理、基础设施建设、公共卫生应急处理等公共服务提供强大的决策支撑，从而显著提高公共管理的科学性和前瞻性。从工业互联网的角度来看，工业大数据涵盖制造业设计、研发、生产、管理及售后等几乎全部业务流程，能够为数字产业集群内的制造业转型升级提供全新的路径和模式：一方面，通过对设备、生产线、车间和工厂进行全面数字化改造，并整合各个环节产生的数据，能够促进企业内部信息共享和系统整合，推动生产流程自动化、智能

化、精准化，形成智能车间、智能工厂等现代化的生产体系；另一方面，通过工业大数据的开放共享，众多制造业和数字企业的数据、信息资源能够实现有效整合，进而形成一种更加科学高效的产业链，尤其能够带动和引导大批中小企业走出传统生产模式，实现转型升级。总之，大数据对数字产业集群内各行各业都能够产生深远的影响，政府、龙头企业应该通过各种宣传方式，让社会的每个组织、每个机构甚至每个公民都了解大数据开放、流动、共享的价值。

第二，科学设计数据开放共享机制。从开放共享的主体看，数据可分为政府数据、企业数据和个人数据。数字产业集群的形成和发展涉及不同产业、不同企业、不同监管主体的多方利益，数据开放共享的相关方包括数据提供方、数据使用方、平台管理方、服务提供方以及指导监督方。在设计数据开放共享机制时，要根据数据主体的特征制订不同的方案，协调各方的利益。就政府数据而言，数据提供方要对数据资源进行分类甄别，尤其是要依据相关法律法规对数据进行脱敏处理，然后才能开放共享；平台管理方负责对数据提供方提供的数据进行清洗、审核、编辑、归类、存储和传递等工作，并对所有数据开放活动进行记录和追踪；服务提供方为数据开放共享提供技术支撑、安全测评等相关服务；指导监督方负责制定监管规则和协调机制，在责任主体产生冲突时进行协调和仲裁，对违法违规行为组织调查并处置。就企业和个人数据而言，主要通过市场交易的方式实现共享：数据提供方要具备数据的知识产权，并保证数据准确有效、及时更新和安全可靠；数据使用方在授权范围内获取和使用数据，并采取切实有效的措施确保交易数据不丢失、不泄露、不被未授权读取或扩大使用范围；平台管理方负责对数据提供方提供的开放数据进行清洗、审核、编辑、归类、存储和传递等工作，对交易双方的资质进行审核，制定数据交易规则、安全管理制度，并对所有的数据开放活动进行记录和追踪；服务提供方为数据交易提供技术和服务支撑，可以有偿提供数据分析、数据整合等服务；指导监督方依法开展监督和指导，对冲突进行仲裁与协调。

第三，构建支撑数据开放共享的安全框架。数据开放共享过程中面临的一个突出问题是要确保数据安全，保障数据的完整性、保密性和可用性，防止数据丢失、被篡改、假冒、泄露和窃取。数字产业集群的国际化程度高，其数据开放共享标准通常要与国际接轨，因而数据安全问题更为突出。这就要求加强法律、管理制度、标准规范和技术体系的统筹协调，各方面都要进一步强化建设：一是要完善数据安全法律法规及管理制度建设。要在产业、部门、区域、平台以及数字产业集群层面建设包含数据提供注册制度、数据授权许可制度、数据登记使用制度、数据安全保密管理制度以及数据交易安全管理制度五个方面的配套完善的数据安全管理制度。二是要健全数据安全标准规范。通过制定基础框架类标准、平台和技术类标准、个人信息安全类标准以及服务安全类标准四方面标准，为数据开放共享提供全方位的安全标准支撑。三是要做好数据安全技术的全面开发和广泛应用。通过积极利用新一代数字技术实现对共享数据的安全监测、脱敏改造、访问控制、追根溯源，以达到对数据安全可监测、可管控、可追溯的目的，从技术防护方面切实做好共享数据的安全保障。

10.4.2　科学布局数字产业集群，推动数字产业化和产业数字化协同发展

数字产业集群的发展很大程度上是在已有传统产业和传统产业集群布局的基础上进行的，必然会涉及不同产业和地区在基础设施、地理区位、人员流动、发展战略等方面的协调。这些工作单纯依靠市场机制很难得到解决，必须由政府着力推进。要统筹各地数字经济基础、实体经济发展以及数字规划实施状况，因地制宜、特色优先，错位发展、重点突破。

依托国家数字经济创新发展试验区和国际科技创新中心，建设综合性数字产业集群。依托国家算力枢纽节点和国家数据中心，建立算力支撑型数字化集群。围绕国家级制造业创新中心和国家先进制造业集群，打造一批技术创新型数字产业集群。依托自由贸易试验区和海南自贸港，打造跨

境电商数字产业集群。在中西部、东北地区选择一批试点城市建立需求引领型数字产业集群。

对于已经选定布局的特定数字产业集群，必须从数字产业本身和上下游产业的数字化方面发力，推动数字产业集群的发展。在数字产业化方面，围绕打造国际战略竞争优势，加快推动代表国家战略方向、创新密度高、市场潜力大的产业集群化发展，如新一代移动通信技术、先进制程集成电路、智能网联汽车、工业机器人等，增强本土产业链、供应链竞争力，形成全局带动效应；围绕抢占新兴领域发展先机，鼓励推动云计算、大数据、工业互联网、区块链、人工智能、元宇宙等新兴产业集群化发展，通过规模集聚、优势互补促进新兴产业高速成长。在产业数字化方面，持续推动数字技术、数据要素与实体经济深度融合，打造以智慧农业、智能制造、智慧物流、数字金融等为代表的新产品、新业态、新模式；推动数字技术向传统产业和传统产业集群的渗透拓展，积极探索各类数字化应用场景；加快传统产业和传统产业集群数字化转型，培育发展一批数字化转型技术、产品、服务和解决方案，逐步引领产业集群向更高质量、更高水平演进。此外，还要着力推动核心数字技术自主可控，加强网络安全和数据安全建设，提高数字产业集群的安全性和稳定性。

10.4.3 培育生态主导型龙头企业，深化数字产业集群对外开放

数据要素市场天生具有非地域性、开放性的特征；与此相应，数字产业集群的发展必然要求建立统一开放的市场经济体系。打造数字产业集群需要充分利用国内、国际两个市场，借助国内、国际两种不同市场的竞争动力持续增强数字产业集群的国际竞争力。

首先，要积极培育国际标杆数字企业。生态构建能力强的龙头企业在数字产业集群建设中发挥着重要的集聚核心作用，能够促使产业链上下游的有机衔接，实现数字产业链循环发展。要培育一批具有资源配置力、生

态主导力、国际竞争力的龙头企业和细分领域"专精特精"的企业，发展壮大现有的科技头部企业，加快引导以流量为核心的平台企业向价值型平台企业演化升级。同时，积极构建头部企业协同中小企业和创新企业蓬勃发展的"雁阵式"产业格局。探索建设中国特色的开源生态系统，打造安全可靠、系统完备、共生共赢、协同发展的产业集群发展环境。

其次，要扩大数字产业集群对外开放合作。推动集群优势数字产品、数字技术、数字企业"走出去"，开展与国际标准衔接的技术标准、监管规则的制定。深化双边、多边数字经济交流与合作，着力推动规则、规制、管理、标准等制度型开放，在政策体系优化、创新主体引导、产业集群建设等方面深化改革，为数字产业集群稳步发展赋能加力。继续推动加入《全面与进步跨太平洋伙伴关系协定》和《数字经济伙伴关系协定》，促进传统产业、传统产业集群的转型升级和服务贸易、数字经济的协同发展；积极参与有关数字技术领域的国际治理体系变革，为国内数字技术研发和应用争取更大的空间。

10.4.4　强化平台反垄断监管，维护公平竞争秩序

在数字产业集群发展过程中，由于大型平台企业存在普遍的跨界融合倾向，其市场势力可能不断增强，从而妨碍统一市场和公平竞争。社会主义市场经济体制以公平竞争的市场秩序为基本保证，因此要完善适应数字产业集群发展的市场经济体制就必须加强对平台企业的反垄断监管，维护公平竞争的市场秩序。

第一，前置监管过程，由事后监管向事前、事中监管转变。遵照西方主流经济学的逻辑，对于平台经济的监管，国外政府一般采用事后监管的模式。在一些大型数字平台企业出现滥用市场地位、合并收购等可能存在的垄断行为之后，监管当局才开始运用行政和司法力量对平台企业是否存在垄断问题进行调查。经过长期的调查和论证过程才能最终给出判定结

果，这一时期通常少则几年，多达十几年甚至几十年。在此期间不仅需要投入大量的人力、财力和物力进行调研，还会在调研期间给平台两端的用户带来持续性的福利损失。因此，对于平台经济的监管，应当逐渐由事后监管向事前和事中监管转移。例如，平台的收购、合并等商业行为，应当事先向监管部门进行备案、申报，得到监管部门同意后才能进行相关的收购或合并。在数字产业集群发展过程中，由于交叉网络外部性的存在，一些具有数据流量优势的平台很容易在跨界融合的基础上出现一家独大的情形。监管部门对于这类"赢家通吃"的超级平台要从严实施行为监管，在其发生垄断性商业行为之前保持实时关注，进行精准监管，有效测度其在相关领域占有的市场份额以及进行的商业活动行为是否违反国家法律法规，采用事中监管的方式，避免产生平台甚至跨平台垄断问题。总之，社会主义市场经济的公平竞争秩序不同于以资本为中心的自由竞争秩序，自由竞争关注对既定垄断行为的监管，市场份额和垄断持续时间是关键评价标准；而公平竞争更关注市场进入的开放程度，以及行业进入门槛的高低，相应的事前和事中监管明显比事后监管更为重要。

第二，加快平台反垄断立法，使平台监管有法可依。世界范围内，在数字经济监管立法方面，欧盟相对超前，继 2000 年出台了《电子商务指令》以后，2020 年 12 月又相继颁布了《数字经济法》和《数字市场法》两部草案，近几年欧盟也在积极推动对大型数字平台征收数字税。我国目前对数字经济特别是平台经济方面的立法相对较少，最近出台的《对于平台经济领域的反垄断指南》是针对反垄断问题的规范性文件，还没有正式上升为法律。而我国现行的反垄断法颁布已经有十多年，对于数字经济迅猛发展、数字产业集群逐渐形成的新背景，反垄断法的一些条款也不能保持与时俱进，因此在数字经济快速发展的新形势下，需要对其进行适当的修订，使其能够更好地指导经济运行中出现的垄断问题的监管。除了反垄断方面的规章制度，对于平台经济的市场进入、发展、数据保护等方面尚缺少必要的立法，因此迫切需要出台适用于我国数字经济发展问题的立法，只有对平台经济监管进行相应的立法，从平台的参与者、经济活动等角度进行规范，才能使平台经济的监管有法可依，这也是维护平台经济健康规范发展的必要条件。

第三，完善数据交易制度，防止算法合谋。工业互联网、数据中心、数据交易平台、大数据技术等都是促进数字经济发展以及数字产业集群形成的重要技术和平台。虽然目前我国尚未形成完善的数据要素市场，但已有一些数据交易平台，大致可以分为两类：一类是以数据生产或数据服务类企业为主导，商业职能为主的数据交易平台；另一类是地方政府联合其他主体投资，具有第三方撮合性的数据交易平台。因此，必须不断完善我国的数据交易制度和标准，为数据交易的安全发展提供制度保障。所有数据手段和技术手段都应该服务于更好地解决信息不对称问题，而不是利用数据垄断和技术壁垒来加剧信息不对称，阻碍竞争从而造成市场的扭曲。这是数字经济和数字产业集群健康发展的关键，也是其能够积极推动经济社会发展的前提。以海量数据交易为基础的大型数据平台对数据的不规范使用会产生损害消费者和商业组织基本利益的行为，如大数据杀熟、算法合谋等。因此，需要对大型平台智能定价算法的行为规范性进行界定研究。智能算法本身具有促进竞争和妨碍竞争的双重属性，既能够提高交易效率，也可能因算法合谋、自身非中立而导致搜索排序非中立，因智能定价导致价格歧视等妨害竞争的行为，因此监管部门需要规范和完善数据的合理合法使用。

第四，引入新的平台，保持竞争活力。在随着数字产业集群的形成和发展而出现一个超级平台的情形下，政府机构可以积极培育或引入新的竞争者，与现有的超级平台进行竞争，避免垄断的产生。特别是对于涉及需要接入的公共品领域，如交通出行领域、信息通信领域、能源电力领域，在这类领域，如果出现太多的竞争者，导致接入平台上的用户过多，就容易产生拥堵和挤迫问题。为了避免这类接入平台出现垄断问题，一方面需要引入新的竞争者，另一方面又要防止挤兑公共资源。对于涉及公共品领域后续出现的进入者问题，由于已经在位者的先行优势和用户黏性的存在，后进入者较难与已经在位的大型平台进行竞争。在这种情况下，国家市场监管相关部门可以通过给予政策补贴或者行政监管的方式，政策相对向后进入者倾斜，逐渐形成两三个大型平台相互竞争、相互制约的模式，这样就避免了公共品领域出现单一垄断平台从而妨碍公平竞争的问题。

11　结论与展望

11.1　研究结论

本书紧紧围绕数字经济和数字产业集群发展这一重要的理论问题展开研究，遵循历史唯物主义的科学分析方法，联系数字经济和数字产业集群发展的现实特征为发展数字经济、打造具有国际竞争力的数字产业集群这一高质量发展战略提供了充足的理论支撑。首先，以马克思社会经济形态理论和习近平新时代中国特色社会主义经济思想中的数字经济形态理论为指导，结合我国数字经济发展的具体实践，从数据资源要素化、数据要素资本化、数字资本产业化、数字产业集群化、数字经济发展的中国特色五个层面构建了数字经济发展的系统且逻辑一致的理论分析框架。其次，运用建立起来的理论分析框架，紧密联系数据的基本特征和经济的社会形态演进的一般规律，深刻分析了数字经济形态和数字经济的社会形态的区别和联系，阐明了数字经济的社会形态发展所历经的数据要素资本化、数字资本产业化、数字产业集群化三个由低级到高级的发展阶段，从而完成了对数字经济在资本主义社会发展的一般趋势和规律的理论逻辑说明。最后，在对数字经济发展的一般趋势和规律进行理论阐释的基础上，立足中国特色社会主义经济制度，从社会主义的根本任务、社会主义初级阶段的基本经济制度、社会主义初级阶段的基本分配制度、社会主义市场经济体制四个层面详细考察了数字经济每一个发展阶段的中国特色，并据此提出了发展数字经济、打造具有国际竞争力的数字产业集群的切实可行的政策建议，从而在实践层面和政策层面上进一步彰显了对数字经济发展问题进行透彻学理分析的重要意义。本书的研究结论可归纳为以下四个方面：

第一，对数字经济和数字产业集群发展的理论研究必须以正确区分经济形态和经济的社会形态为前提。学界对数字经济和数字产业集群发展的理论研究不仅远远落后于数字经济和数字产业集群的发展实践，还存在诸多的矛盾和分歧。究其原因，在于学者们对社会经济形态的认识上存在偏差，没有区分经济形态和经济的社会形态。事实上，不同于西方经济学将经济形态与经济的社会形态混在一起进行研究的方法，马克思的经典文本对二者进行了明确的区分。经济形态属于生产力的范畴，标志着生产力的发展水平，反映的是人类社会与自然之间的技术关系，并不关注资源如何配置的问题；而经济的社会形态属于生产关系的范畴，表明社会制度的根本性质，需要在特定经济形态的基础上反映出人与人之间的经济关系。这一概念强调的是经济活动中的所有制和激励机制，特别重视资源有效配置的问题。任何经济的社会形态都是在一定经济形态的基础上发展的，而在历史的某些发展阶段一定的经济形态又可以兼容不同的经济的社会形态。因此，对数字经济和数字产业集群发展问题的研究无法脱离特定的社会制度单独进行。数据资源要素化、数据要素资本化、数据资本产业化、数字产业集群化实际上是一定经济的社会形态在作为一种全新经济形态的数字经济基础上运动发展的物质表现。对数字经济发展的理论阐释既要揭示数字经济作为一种经济形态的发展趋势和规律，又要揭示数字经济作为一种经济的社会形态的发展趋势和规律。

第二，数字经济的发展是一个从低级形态向高级形态逐渐演进的过程。通过构建数字经济发展的一般理论分析框架，我们认为，数字经济的发展过程包括数据资源要素化、数据要素资本化、数据资本产业化、数字产业集群化四个阶段，数字产业集群化是数字经济发展的高级阶段，是数字经济的高级形态。在数据资源要素化阶段，数据促进社会财富生产的潜能，即数据能够协调社会生产活动、数据能够促进技术进步、数据能够增强对劳动过程的控制能力使数据资源成为生产要素具有了可能性。社会中存在对数据的直接需求和派生需求使数据资源成为生产要素具有了现实性。数据可以脱离其他生产要素自行运转并可以替代其他生产要素使数据资源成为生产要素具有了独立性。在满足可能性、现实性和独立性条件的基础上，数据资源就成为新型生产要素加入生产要素系统，在社会财富生产过程中就发挥了媒介、协调、管理的作用，标志着数字经济作为一种全新经济形态的产生。数字经济作为一种经济形态最早在发达资本主义国家成长并发展起来。无论从逻辑上还是历史上，要科学揭示数字经济发展规律都必须首先研究作为一种经济的社会形态的数字经济在资本主义生产方式下的发展。在数据要素资本化阶段，资本关系进入了以数据为核心生产要素的劳动过程，使企业的科学管理活动在数字化的同时也资本化了，即资本雇佣劳动关系渗透到以数据为核心生产要素的科学管理当中。与之相应，数据的采集、分析、处理和应用就成为数字经济时代科学管理的表现形式，这使产业资本循环运动过程发生了变化，在原有货币资本、生产资本、商品资本的基础上又增加了数据资本，数据资本发挥着指挥、管理产业资本运行的作用。数据要素资本化一方面产生了以更有效管理产业资本运行为核心任务的数据资本，另一方面也塑造了以数据为中心的生产和交换秩序，使崇尚数据统治权力的数据拜物教逐渐形成。在数据资本产业化阶段，随着社会分工和数据经营领域内部分工的持续演进，数据交易越来越频繁，数据经营的专业化程度越来越高，数据资本就逐渐从产业资本循环运动过程中分离出来，取得了独立的资本形态，即平台资本。与数据资本相比，平台资本不仅具有资本关系的内容，在利润率平均化机制的作用下也取得了自动带来收益的资本形式。通过在数据经营领域的专业化活动，平台资本一方面深化了社会分工，形成了数字产业，提高了社会劳动生产率；另一方面凭借对社会范围内海量多维数据的掌控成为数字经济时代资本主义发展的主导力量。在数字产业集群化阶段，随着接入平台的企业越来越多，平台资本凭借对海量数据的掌控向其他领域迅速扩张。平台资本与其他类型的资本相融合，逐渐形成了具有强大市场势力的平台垄断资本，不仅经营数据分析、处理和应用业务，也涉足商业、金融业、制造业、农业等传统业务。数字产业集群化就是平台资本运动的物质领域跃出数字产业范围向其他传统产业领域拓展的过程。兼具虚拟集群网络效应和实体集群集聚效应的数字产业集群表现出了高创新性、高聚合性、高融通性的典型特征，成为驱动经济增长的新引擎。然而，平台资本的持续集中和跨界融合也使平台资本成为资本主义社会的统治力量。平台资本在强化自身统治地位的同时也使其吸纳社会总剩余价值的能力不断增强，这对数字经济的持续发展产生了显著的阻碍作用。

第三，中国特色数字经济发展原则是对资本主义数字经济发展规律的扬弃。数字经济在资本主义社会发展的过程中，资本主义生产关系对数字经济发展起到了一定的促进作用，但同时也表现出了阻碍数字经济持续发展的一面。随着平台资本统治地位的不断增强，资本主义生产关系对数字经济持续发展的阻碍作用越来越明显。与之不同的是，在数字经济发展的每一个阶段，我国的社会主义经济制度都赋予了数字经济以鲜明的中国特色、时代特色、社会主义特色。在数据资源要素化这一为数字经济发展提供生产力条件的阶段，我国以"解放和发展社会生产力"为根本任务，无论是在为数字经济的发展奠定生产力基础方面还是在享受数字经济生产力发展的成果方面，都应坚持以人民为中心、以创新为支撑、以改革为动力的原则。在数据要素资本化这一确立对数据要素进行资本主义私人占有的阶段，我国公有制为主体、多种所有制经济共同发展的社会主义初级阶段基本经济制度指明了适应数字经济发展的数据要素所有制原则：一是有利于数据要素的流动和扩散；二是有利于数据要素的集中使用；三是有利于价值规律发挥作用。在数据资本产业化这一厘定平台资本收益分配的阶段，我国按劳分配为主体、多种分配方式并存的社会主义初级阶段基本分配制度明确了适应数字经济发展的数据要素收益分配原则：一是有利于激励数据要素参与财富创造；二是有利于提高劳动报酬在收入分配中的比重；三是有利于拓宽居民财产性收入渠道。在数字产业集群化这一平台资本在市场经济体制下不断集中和扩张的阶段，将社会主义基本经济制度与市场经济有机结合的社会主义市场经济体制指明了适应数字经济发展的市场原则：一是有利于打造统一开放的市场体系；二是有利于建立公平竞争的市场秩序。这一系列具有鲜明中国特色的数字经济发展原则既是我国发展数字经济、打造具有国际竞争力的数字产业集群的内在要求，也是对资本主义数字经济发展规律的积极扬弃。

第四，中国特色数字经济为发展数字经济、打造具有国际竞争力的数字产业集群提出了科学有效的"中国方案"。在从理论上系统阐明并比较资本主义社会和社会主义社会数字经济发展的趋势和规律的基础上，遵循中国特色数字经济发展的基本原则，我们从夯实数字经济发展的生产力基础、构建开放包容的数据要素所有权体系、建立公平与效率相统一的数据要素收益分配制度、完善适应数字产业集群发展的市场经济体制四个层面提出了发展数字经济、打造具有国际竞争力的数字产业集群的科学有效、切实可行的政策建议。这些政策建议不仅在实践层面和政策层面上进一步彰显了对数字经济发展问题进行透彻学理分析的重要价值和意义，而且在当今资本主义国家平台垄断势力不断增强，实体经济萎靡不振，数字鸿沟持续扩大的现实背景下，凸显了发展数字经济、打造具有国际竞争力的数字产业集群的"中国方案"的优越性。

11.2　前景展望

本书的研究重点在于通过历史唯物主义的科学分析方法构建系统且逻辑一致的数字经济发展基础理论框架体系，以揭示数字经济的起源、发展和演变规律，并在全球数字竞争日趋激烈的背景下为推动我国数字经济向纵深迈进，为我国发展数字经济、打造具有国际竞争力的数字产业集群提供科学的理论指导和政策制定依据。但由于本书主要完成的是框架性工作，还有一些细节问题没有详细讨论，未来在以下方面有望取得更为丰富的研究成果：

第一，在理论研究层面，对数字经济和数字产业集群发展的分析还可以进一步具体化。本书通过构建数字经济发展的一般理论分析框架，在本质层面揭示了数字经济发展的一般趋势和规律。然而，由于我们重点完成的是框架性工作，本书的理论分析主要还是从逻辑层面上对数字经济发展趋势和规律进行的由"抽象一般"到"具体一般"的探讨，较少涉及数字经济发展的特殊的具体问题，如数据要素的定价方法、数字平台的运营模式、数字产业集群的空间布局等问题。随着数字经济的持续快速发展，积累的经验材料也将越来越丰富，未来的研究需要深入到企业、政府和个体层面，以便能够拓展基础理论的适用范围，同时也可以依托更多具体的内容进一步完善数字经济发展的基础理论体系，这都是未来研究应当考虑的方向。

第二，在实践研究层面，发展数字经济、打造具有国际竞争力的数字产业集群的政策建议还可以进一步细化。与对数字经济发展进行较为抽象的系统性学理阐释相对应，本书提出的发展数字经济、打造具有国际竞争力的数字产业集群的政策建议也主要限于经济制度层面，较少涉及经济运行层面，尽管有科学的理论依据，在实践层面也切实可行，但仍需进一步细化、精准化。数字经济和数字产业集群在我国的发展水平并不均衡，一些中西部地区还没有享受到足够的"数字红利"。因此，发展数字经济、打造具有国际竞争力的数字产业集群的政策建议也应当因时、因地而异，需要在中国特色数字经济发展原则的指导下，根据各地具体的经济发展水平和发展战略制定出最适合本地区数字经济和数字产业集群发展的更为精准有力的政策体系。

参考文献

［1］蔡跃洲，马文君．数据要素对高质量发展影响与数据流动制约［J］．数量经济技术经济研究，2021（3）：64-83．

［2］辛格，霍姆亚德，霍尔．技术史［M］．辛元欧，刘兵，译．北京：中国工人出版社，2020．

［3］陈强．高级计量经济学及 Stata 应用［M］．2 版．北京：高等教育出版社，2013．

［4］段学慧．按比例发展规律及其实现机制［J］．当代经济研究，2016（9）：5-14．

［5］郭王玥蕊．企业数字资产的形成与构建逻辑研究：基于马克思主义政治经济学的视角［J］．经济学家，2021（8）：5-12．

［6］何玉长，王伟．数据要素市场化的理论阐释［J］．当代经济研究，2021（4）：33-44．

［7］华昊．如何理解"加快推进数字产业化、产业数字化"［N］．解放军报，2018-09-22（3）．

［8］黄群慧，余泳泽，张松林．互联网发展与制造业生产率提升：内在机制与中国经验［J］．中国工业经济，2019（8）：5-23．

［9］黄泰岩，刘宇楷．马克思经济形态理论及其扩展与创新：兼论数字经济是一种新经济形态［J］．教学与研究，2023（10）：68-84．

［10］黄再胜．数据的资本化与当代资本主义价值运动新特点［J］．马克思主义研究，2020（6）：124-135．

［11］久留间鲛造，宇野弘藏，等．资本论辞典［M］．薛敬孝，李树果，

王健宜，译．天津：南开大学出版社，1989.

[12] 康瑾，陈凯华．数字创新发展经济体系：框架、演化与增值效应 [J]．科研管理，2021，42（4）：1-10.

[13] 孔艳芳，刘建旭，赵忠秀．数据要素市场化配置研究：内涵解构、运行机理与实践路径 [J]．经济学家，2021（11）：24-32.

[14] 蓝江．一般数据、虚体、数字资本：数字资本主义的三重逻辑 [J]．哲学研究，2018（3）：26-33.

[15] 李三希，武玙璠，鲍仁杰．大数据、个人信息保护和价格歧视：基于垂直差异化双寡头模型的分析 [J]．经济研究，2021（4）：43-57.

[16] 李卫兵，张凯霞．空气污染对企业生产率的影响：来自中国工业企业的证据 [J]．管理世界，2019，35（10）：95-112.

[17] 李晓华，王怡帆．数据价值链与价值创造机制研究 [J]．经济纵横，2020（11）：54-62.

[18] 李治国，王杰．数字经济发展、数据要素配置与制造业生产率提升 [J]．经济学家，2021（10）：41-50.

[19] 林岗．马克思主义与经济学 [M]．北京：经济科学出版社，2007.

[20] 林岗，黄泰岩．三元经济发展模式 [M]．北京：经济科学出版社，2007.

[21] 刘启春．论人类生产力发展的历史规律及其当代表现 [J]．马克思主义哲学研究，2018（2）：224-230.

[22] 卢森贝．《资本论》注释 [M]．北京：生活·读书·新知三联书店，1963.

[23] 马克思．资本论 [M]．北京：人民出版社，2018.

[24] 马克思，恩格斯．德意志意识形态Ⅰ．费尔巴哈：原始手稿 [M]．孙善豪，译注．台北：联经出版事业股份有限公司，2016.

[25] 毛捷，吕冰洋，马光荣．转移支付与政府扩张：基于"价格效应"

的研究［J］. 管理世界，2015（7）：29-41，187.

［26］莫伊谢耶夫. 人和控制论［M］. 北京：生活·读书·新知三联书店，1987.

［27］倪鹏飞，颜银根，张安全. 城市化滞后之谜：基于国际贸易的解释［J］. 中国社会科学，2014（7）：107-124.

［28］庞春. 探索经济繁荣与时间压力并存之谜：基于影子工作、技术进步的分工经济学分析［J］. 中国工业经济，2021（8）：45-62.

［29］戚聿东，刘欢欢. 数字经济下数据的生产要素属性及其市场化配置机制研究［J］. 经济纵横，2020（11）：63-76.

［30］齐兰，何则懿. 数字资本研究进展［J］. 经济学动态，2023（10）：128-143.

［31］邱海平. 马克思的生产社会化理论研究［J］. 当代经济研究，2002（7）：13-17.

［32］邱子讯，周亚虹. 数字经济发展与地区全要素生产率：基于国家级大数据综合试验区的分析［J］. 财经研究，2021（7）：4-17.

［33］荣兆梓. 企业制度：平等与效率［M］. 北京：社会科学文献出版社，2014.

［34］单豪杰. 中国资本存量K的再估算：1952-2006年［J］. 数量经济技术经济研究，2008（10）：17-31.

［35］申卫星. 论数据用益权［J］. 中国社会科学，2020（11）：110-131.

［36］宋冬林，孙尚斌，范欣. 数据成为现代生产要素的政治经济学分析［J］. 经济学家，2021（7）：35-44.

［37］多斯桑托斯. 帝国主义与依附［M］. 北京：社会科学文献出版社，2016.

［38］王琨. 价值转形问题无解吗?：基于马克思主义经济学方法论的批判性回顾［J］. 上海经济研究，2023（5）：50-65.

［39］王胜利，樊悦. 论数据生产要素对经济增长的贡献［J］. 上海经济

研究，2020（7）：32-39.

[40] 卫兴华 . 再谈学好用好《资本论》的生产力理论 [J]. 政治经济学
评论，2017，8（6）：3-8.

[41] 卫兴华 . 关于中国特色社会主义政治经济学的一些新思考 [J]. 经
济研究，2017（11）：13-15.

[42] 吴易风 . 产权理论：马克思和科斯的比较 [J]. 中国社会科学，
2007（2）：4-18.

[43] 肖国安，张琳 . 数字经济发展对中国趋于全要素生产率的影响研究
[J]. 合肥工业大学学报（社会科学版），2019（5）：6-12.

[44] 谢富胜，吴越，王生升 . 平台经济全球化的政治经济学分析 [J].
中国社会科学，2019（12）：62-81.

[45] 谢富胜，江楠，吴越 . 数字平台收入的来源与获取机制：基于马克
思主义流通理论的分析 [J]. 经济学家，2022（1）：16-25.

[46]《新牛津英汉双解大词典》编辑出版委员会 . 新牛津英汉双解大词典
[M]. 2 版 . 上海：上海外语教育出版社，2013.

[47] 熊巧琴，汤珂 . 数据要素的界权、交易和定价研究进展 [J]. 经济
学动态，2021（2）：143-158.

[48] 徐晨，吴大华，唐兴伦 . 数字经济：新经济、新治理、新发展
[M]. 北京：经济日报出版社，2017.

[49] 徐翔，厉克奥博，田晓轩 . 数据生产要素研究进展 [J]. 2021（4）：
142-158.

[50] 徐翔，赵墨非 . 数据资本与经济增长路径 [J]. 经济研究，2020
（10）：38-54.

[51] 杨虎涛，冯鹏程 . 技术-经济范式演进与资本有机构成变动：基于美
国 1944—2016 年历史数据的分析 [J]. 马克思主义研究，2019
（6）：71-82.

[52] 杨虎涛 . 数字经济的增长效能与中国经济高质量发展研究 [J]. 中

国特色社会主义研究，2020（3）：21-32.

[53] 杨虎涛．社会-政治范式与技术-经济范式的耦合分析：兼论数字经济时代的社会-政治范式 [J]．经济纵横，2020（11）：1-11.

[54] 杨慧梅，江璐．数字经济、空间效应与全要素生产率 [J]．统计研究，2021（4）：3-15.

[55] 杨小凯．发展经济学：超边际与边际分析 [M]．北京：社会科学文献出版社，2003.

[56] 尹丽波．数字经济发展报告（2019—2020）[M]．北京：电子工业出版社，2020.

[57] 张军，吴桂英，张吉鹏．中国省际物质资本存量估算：1952—2000 [J]．经济研究，2004（10）：35-44.

[58] 张莉．数据治理与数据安全 [M]．北京：人民邮电出版社，2019.

[59] 张路娜，胡贝贝，王胜光．数字经济演进机理及特征研究 [J]．科学学研究，2021，39（3）：406-414.

[60] 张昕蔚，蒋长流．数据的要素化过程及其与传统产业数字化的融合机制研究 [J]．上海经济研究，2021（3）：60-69.

[61] 赵岩．数字经济发展报告（2022—2023）[M]．北京：社会科学文献出版社，2023.

[62] 郑小碧．"+互联网"、"互联网+"与经济发展：超边际一般均衡分析 [J]．经济学动态，2017（6）：32-44.

[63] 郑小碧，庞春，刘俊哲．数字经济时代的外包转型与经济高质量发展：分工演进的超边际分析 [J]．中国工业经济，2020（7）：117-135.

[64] 马克思，恩格斯．马克思恩格斯全集：第四十六卷上册 [M]．北京：人民出版社，1979.

[65] 马克思，恩格斯．马克思恩格斯全集：第三十卷 [M]．北京：人民出版社，1995.

［66］马克思，恩格斯．马克思恩格斯全集：第三十一卷［M］．北京：人民出版社，1998.

［67］马克思，恩格斯．马克思恩格斯全集：第二十五卷［M］．北京：人民出版社，2001.

［68］马克思，恩格斯．马克思恩格斯文集［M］．北京：人民出版社，2009.

［69］马克思，恩格斯．马克思恩格斯选集［M］．北京：人民出版社，2012.

［70］马克思，恩格斯．马克思恩格斯全集［M］．北京：人民出版社，2016.

［71］朱建良，王廷才，李成，等．数字经济：中国经济创新增长"新蓝图"［M］．北京：人民邮电出版社，2017.

［72］ACEMOGLU D，MAKHDOUMI A，MALEKIAN A，et al. Too much data：price and inefficiencies in data markets［R］．Paris：Centre for Economic Policy Research，2019.

［73］ACQUISTI A，TAYLOR C，WAGMAN L. The economics of privacy［J］. Journal of Economic Literature，2016，54（2）：442-492.

［74］ADEE S. Can data ever be deleted［J］. New Scientist，2015，227（3032）：17.

［75］ADMATI A R，PFLEIDERER P. A monopolistic market for information［J］. Journal of Economic Theory，1986，39（2）：400-438.

［76］AGRAWAL A，GANS J，GOLDFARB A. The economics of artificial intelligence［M］. Chicago：The University of Chicago Press，2019.

［77］ATHEY S，CATALINI C，TUCKER C. The digital privacy paradox：small money，small costs，small talk［R］. New York：National Bureau of Economic Research，2017.

［78］BARAN P A，SWEEZY P M. Monopoly capital：an essay on the American economic and social order ［M］New York：Monthly Review Press，1966.

［79］ BERG N，KNIGHTS M. Amazon：how the world's most relentless retailer will continue to revolutionize commerce ［M］. London：Kogan Page Limited，2019.

［80］ BERGEMANN D，BONATTI A. Markets for information：an introduction ［J］. Annual Review of Economics，2019，11：85-107.

［81］ BOUTANG Y M. Cognitive capitalism ［M］. Cambridge：Polity Press，2011.

［82］ BRYNJOLFSSON E，COLLIS A. How should we measure the digital economy ［J］. Harvard Business Review，2019，97（6）：140-148.

［83］ CUNNINGHAM D. A Marxist heresy? Accelerationism and its discontents ［J］. Radical Philosophy，2015，191（1）：29-38.

［84］ EDELMAN B，WRIGHT J. Price coherence and adverse intermediation ［J］. Quarterly Journal of Economics，2015，130（3）：1283-1328.

［85］ FARBOODI M，VELDKAMP L. A growth model of the data economy ［R］. New York：National Bureau of Economic Research，2020.

［86］ GAESSLER F，WAGNER S. Patents，data exclusivity，and the development of new drugs ［J］. Review of Economics and Statistics，2020，102（4）：1-49.

［87］ GRUBER J，JOHNSON S. Jump－starting American：how breakthrough science can revive economic growth and the American dream ［M］. New York：Public Affairs，2019.

［88］ PEITZ M，WALDFOGEL J. The oxford handbook of the digital economy ［M］. Oxford：Oxford University Press，2012.

［89］ HAMIDA L B，LEJEUNE C. Knowledge transfer in multinational companies：sharing multiple perspectibes ［M］. Paris：L'Harmattan，2016.

［90］ HARDT M，NEGRI A. Assembly ［M］. Oxford：Oxford University Press，

2017.

[91] HARVEY D. A companion to Marx's Capital: volume2 [M]. London: Verso, 2013.

[92] ICHIHASHI S. Non-competing data intermediaries [R]. Ottawa: Bank of Canada , 2020.

[93] JONES C I, TONETTI C. Nonrivalry and the economics of data [J]. American Economic Review, 2020, 110 (9): 2819-2958.

[94] KSHETRI N. Big data's impact on privacy, security and consumer welfare [J]. Telecommunications Policy, 2014, 38 (11): 1134-1145.

[95] LERNER J, PATHAK P A, TIROLE J. The dynamics of open-source contributors [J]. AEA Papers and Proceedings, 2006, 96 (2): 114-118.

[96] LIU Z, SOCKIN M, XIONG W. Data privacy and temptation [R]. New York: National Bureau of Economic Research, 2020.

[97] MANDEL E. Late capitalism [M]. London: NLB, 1976.

[98] MANZEROLLE V. Mobilizing the audience commodity 2. 0: digital labour and always-on media [J]. Ephemera, 2010, 10 (3): 455-469.

[99] MARX K. Grundrisse [M]. London: Penguin Random House, 1973.

[100] MIKIANS J, ERRAMILLI V, LAOUTARIS N. Detecting price and search discrimination on the internet [R]. Boston: Association for Computing Machinery, 2012.

[101] MOORE M, TAMBINI D. Digital dominance: the power of Google, Amazon, Facebook, and Apple [M]. Oxford: Oxford University Press, 2018.

[102] MOSCO V. Current trends in the political economy of communication [J]. Global Media Journal, 2008, 1 (1): 45-63.

[103] MOSELEY F. Marx's economic manuscript of 1864-1865 [M]. Leiden: Brill, 2016.

[104] MUSTO M. Marx's Capital after 150 years: critique and alternative to capitalism [M]. London: Routledge, 2016.

[105] NEGROPONTE N. Being digital [M]. London: Hodder and Stoughton, 1995.

[106] NOBLE D F. Forces of production: a social history of industrial automation [M]. Oxford: Oxford University Press, 1984.

[107] NORDHAUS W. Are we approaching an economic singularity? Information technology and the future of economic growth [R]. New York: National Bureau of Economic Research, 2015.

[108] PEREZ C. Technological revolutions and financial capital [M]. Cheltenham: Edward Elgar, 2003.

[109] PEREZ C. Technological revolutions and techno-economic paradigms [J]. Cambridge Journal of Economics, 2010, 34 (1): 185-202.

[110] PIKETTY T. Capital in the twenty-first century [M]. London: The Belknap Press of Harvard University Press, 2014.

[111] RAMTIN R. Capitalism and automation [M]. London: Pluto Press, 1991.

[112] REINSDORF M, RIBARSKY J. Measuring the digital economy in macroeconomics statistics: the role of data [R]. Washington: International Monetary Fund, 2019.

[113] RÉNYI A. Foundations of probability [M]. Cambridge: Holden-Day Press, 1970.

[114] ROBERTS B, BERG N. Walmart: key insights and practical lessons from the world's largest retailer [M]. London: Kogan Page Publishers, 2012.

[115] RUBEL M. Karl Marx oeuvres I [M]. Paris: Gallimard, 1965.

[116] RUBEL M. Karl Marx oeuvres II [M]. Paris: Gallimard, 1968.

[117] SCHÖNBERGER V M, CUKIER K. Big data: a revolution that will

transform how we live, work and think [M]. New York: Houghton Mifflin Harcourt, 2013.

[118] SLATER R. The Wal-Mart decade [M]. London: Portfolio, 2003.

[119] SRNICEK N, WILLIAMS A. Inventing the future: post-capitalism and a world without work [M]. New York: Verso, 2015.

[120] SRNICEK N. Platform capitalism [M]. Cambridge: Polity Press.

[121] STREETER T. The net effect: romanticism, capitalism and the internet [M]. New York: New York University Press, 2011.

[122] TAPSCOTT D. The digital economy: promise and peril in the age of networked intelligence [M]. New York: McGraw-Hill, 1996.

[123] TIROLE J. Economics for the common good [M]. Princeton: Princeton University Press, 2017.

[124] VERCELLONE C. From formal subsumption to general intellect: elements for a Marxist reading of the thesis of cognitive capitalism [J]. Historical Materialism, 2007, 15 (1): 13-36.

[125] VIRNO P. A grammar of the multitude: for an analysis of contemporary forms of life [M]. Cambridge: The MIT Press, 2004.

[126] WANG S L, LUO Y D, SUN J Y, et al. Autonomy delegation to foreign subsidiaries: an enabling mechanism for emerging-market multinationals [J]. Journal of international business studies, 2014, 45 (2): 111-130.

[127] WANG R Y, STRONG D M. Beyond accuracy: what data quality means to data consumers [J]. Journal of Management Information Systems, 1996, 12 (4): 5-34.

[128] WIENER N. Cybernetics: or control and communication in the animal and the machine [M]. Cambridge: The MIT Press, 1961.

[129] YOUNG A. Gold into base metals: productivity growth in the People's Republic of China during the reform period [J]. Journal of Political

Economy，2003，111（6）：1220-1261.

［130］ZEITHAML V A. Consumer perceptions of price， quality， and value：a means-end model and synthesis of evidence ［J］. Journal of Marketing，1988，52（3）：2-22.

后　记

　　本书从立项到完稿共历时三年，其间经过了数次讨论和修改，才终于有机会将此创作出版。在本书的写作和出版过程中，我们得到了业内各方面专家和领导的无私支持与帮助。教育部首届人文社会科学"长江学者"黄泰岩教授、中国人民大学郑超愚教授、中央财经大学杨运杰教授在百忙之中为本书理论分析框架的构建提出了宝贵的建议。法国巴黎综合理工学院的 Olivier Gossner 教授，首都经济贸易大学王军教授、徐则荣教授、沈宏亮教授、郝宇彪教授，湖南大学吴施美副教授均以不同方式参与和支持了本书各章节的研究工作，给予了笔者团队的研究以极大的启示。中国人民大学特木钦博士（现就职于北京市顺义区财政局）、法国格勒诺布尔—阿尔卑斯大学范朱志博士无偿贡献了很多素材，保证了本书的写作能够按计划顺利完成。首都经济贸易大学经济学院院长杜雯翠教授对本书的出版给予了大力支持，在此对各位专家和领导的付出表示衷心的感谢！

王琨

2024 年 3 月 20 日